KB261099

내 인생,
미치도록 바꾸고 싶다

내 인생, 미치도록 바꾸고 싶다

미치도록 내 인생을
바꾸고 싶을 때

런던 북서쪽 웸블리에 위치한 TV 공개방송 스튜디오 폰테인.

벌어진 앞니에 더벅머리를 한 30대 남자가 초조한 표정으로 대기실 한쪽 구석을 서성거린다. 차려 입는다고는 했지만 아이돌 그룹처럼 번쩍이는 의상을 갖춰 입은 사람들에 비하면 초라하기 이를 데 없는 낡은 양복 차림의 그에게 눈길을 주는 사람은 아무도 없다. 그사이에도 주머니 속에 넣어 둔 휴대전화에는 계약을 문의하는 전화와 문자가 쉴 새 없이 쏟아져 들어온다.

그러나 정확히 8분 뒤, 그는 녹화하던 프로그램의 심사위원인 유명 여배우 아만다 홀든Amanda Holden으로부터 격찬을 듣는다. "우리는 지금 자그마한 탄소 덩어리가 다이아몬드로 거듭나는 순간을 보고 있습니다!" 그리고 그는 영국은 물론 전 세계 시청자들 앞에 새로운 슈퍼스타로 탄생하게 된다.

이제는 너무도 유명해서 모두가 다 아는 그 이야기, 그리고 너무도 유명한 사람이 되어서 모두가 다 아는 그 사람. 바로 '폴 포츠Paul Potts'의 데뷔에 얽힌 이야기이다. 그런데 과연 이런 신데렐라 같은 드라마틱한 스토리가 우리 앞에 등장한 것이 단지 이때뿐이었을까?

수십 년 전, 두 명의 동갑내기 청년이 각각 미국과 이탈리아에 살고 있었다. 미국에 사는 청년은 낮에는 트럭 운전을 하고 밤에는 싸구려 선술집 무대에서 기타를 치며 노래를 불렀고, 또 한 명의 이탈리아 청년은 사범대학을 졸업하고 학생들을 가르치면서 저녁에는 자신이 살고 있는 소도시 오페라단의 단원으로 취미 활동을 하고 있었다.

그렇게 얼마의 시간이 흐른 뒤 이 두 사람은 우연히(혹은 꾸준히 의도했던 대로) 무대에서 노래를 부를 기회를 얻게 되었고, 그들은 그 기회를 놓치지 않았다.

미국 청년은 '흑인보다 더 흑인처럼 노래를 부르는 백인 청년'을 찾던 프로모터의 눈에 띄어 앨범을 취입하게 되었고, 이탈리아 청년은 수많은 오디션 무대를 전전하던 중 오페라 〈라 보엠La Bohème〉의 주인공을 맡으면서 정식 무대에 데뷔했다.

트럭 운전사였던 미국 청년의 이름은 '엘비스 프레슬리'이고, 동갑내기 이탈리아 청년의 이름은 '루치아노 파바로티'이다.

이 두 청년이 극적인 성공 스토리를 써나가던 때로부터 다시 50년쯤 전, 이탈리아 한 소도시의 극장식 식당에서 노래를 부르던 가수가 있었다. 그는 낮은 음역인 바리톤으로 노래를 불렀다. 하지만 노래를 못한다고 번번이 식당 주인에게 구박받기 일쑤였다. 크지 않은 키에 조금 뚱뚱한 모습의 그에게 식당 주인은 "너 같은 게 무슨 가수냐? 차라리 어디 가서 막노동이나 하라지, 이 머슴 같은 남부 돼지 놈아!"라고 욕설을 내뱉으며 일한 만큼의 급여도 주지 않고 내쫓아버렸다. 하루아침에 일자리를 잃고 술과 담배로 분을 달래며 하루하루를 지내던 그는, 무례한 식당 주인에게 복수하는 길은 실력을 기르는 것뿐이라고 생각했다. 그러고는 전공을 바꿔 바리톤이 아닌 테너 가수가 되기 위해 노력했다. 결국 그는 테너 음역으로도 노래할 수 있게 됐다. 바리톤에서 테너까지의 음역을 두루 섭렵하게 된 그는 곧 이탈리아 최고의 오페라 가수가 되었고 그 명성은 저 먼 미국에까지 퍼져 나갔다.

그러던 어느 날, 공연을 시작하기 전 수많은 팬들에 휩싸여 있는 그에게 눈에 익은 한 사내가 다가와 정중하게 고개를 숙였다. 과거 그에게 "무슨 가수냐"며 돈도 주지 않고 쫓아냈던 바로 그 식당의 주인이었다. 식당 주인은 코가 무릎에 닿도록 허리 숙여 사과하며 그에게 말했다.

"여보게, 자네가 떠난 후 우리 식당은 망하게 생겼다네. 자네가 한번만 와서 노래를 불러 준다면 손님들이 다시 몰려올 텐데, 어떻게 안 되겠나?"

그는 단호하게 고개를 저었다. 아직 식당 주인에 대한 안 좋은 감정이 남아 있기도 했지만, 이제 그는 이탈리아는 물론 전 세계적으로 공연 스케줄이 빽빽하게 잡혀 있어 아무 무대에나 자기 마음대로 설 수 없는 사람이 되었기 때문이다. 그때였다. 무대로 통하는 출입문이 열리면서 무대 감독이 다급하게 그를 불렀다.

"얼른 오세요! 이제 막이 오를 시간이에요, 카루소 씨."

엔리코 카루소.

탄생 100여 년이 지난 지금까지도 '황금 목소리' '인류 역사상 최고의 오페라 가수'라는 찬사를 듣고 있는 최고의 테너 엔리코 카루소가 바로 그였다.

이외에도 비슷한 사례의 이야기들은 밤을 새도 다 못들을 만큼 많다. 어떤가? 단순히 역사는 반복된다고만 생각하는가?

그렇지 않다. 우리 주변에는 언제나 이런 극적인 순간들, 드라마틱한 스토리의 주인공들이 넘쳐나고 있었다. 그들은 이런 드라마틱한 등장과 변신의 과정을 통해 때로는 시대의 승자가 되기도 하고, 때로는 감동 스토리의 주인공이 되기도 한다. 그리고 최고의 인기인이 되거나 어떤 때는 역사적인 위인이 되기도 한다. 다만 우리가 그런 드라마의 주인공이 아니었으며 그런 스토리를 그저 부러워하거나 놀라워하는 데에 그쳤기 때문에 몰랐던 것뿐이다.

지금도 우리 주변에는 '드라마틱'한 사람들과 그들의 '드라마틱'한 인생이 가득 차 있다. 그리고 우리는 그들에게 열광한다. 그들의 모습과 달리 나 자신의 인생을 되짚어 보면 그다지 '드라마틱'할 것 없는 일상의 연속일 뿐이기에 더욱 그렇다. 앞으로도 나의 삶이 드라마틱하게 변할 것이라는 보장 또한 없다. 평범해도 너무나 평범한 삶이다.

과연 그것이 전부일까?

아니다. 우리의 삶이 지루하리만치 평범했던 것은 이제까지 드라마틱한 삶을 살 수 있는 방법을 몰랐기 때문이다. 심지어 어떤 삶이 드라마틱한 삶인지도 모른 채 순간순간 그런 사연을 접할 때마다 감동하거나 환호하기 급급한 삶을 살아왔다.

그렇기 때문에 우리에게는 드라마틱한 삶이 없었고, 앞으로도 그런 삶을 살기란 쉽지 않을 것이라고 느끼는 것이다.

과연 어떤 삶이 드라마틱한 삶일까?

오랜 기간 다양한 방법으로 살펴보니, 평범함을 넘어 보석 같은 삶의 가치를 발견한 사람들에게는 다섯 가지 삶의 모습들이 있었다.

우선, 불편不便한 현실에 불평을 늘어놓기보다는 그 속에서 우리 삶에 진정 필요한 가치들을 찾아냈다. 그들은 다른 사람들이 '어렵다' '귀찮다'며 꺼려한 일들을 기꺼이 자신의 삶 속으로 가져와, 귀찮고 어려운 일들도 우리의 인생에 분명 가치 있는 일부분이라며 흔쾌히 받아들인 사람들이었다.

또 불필요不必要한 것들 중에서도 우리 인생에 중요한 자산이 될 보석들을 발견해 내기 위해 땀 흘린 사람들이 있었다. 그들은 다른 사람들이 '세상살이에 필요가 없다'며 내버린 것들 속에서 다른 무엇과도 비교할 수 없는 귀한 자산을 발굴해 낸 사람들이었다.

불규칙不規則한 운명에 따라 되는 대로 흘러가기보다는 그러한 불규칙한 삶에 담겨 있는 힘을 깨달은 사람들도 있었다. 그들은 다른 이들이 고정관념과 상식에 얽매여 '옳지 않다' '맞지 않다'고 단정해온 것들을 기꺼이 시도해 봄으로써 보다 다양하고 즐거운 삶을 산 사람들이었다.

불가능不可能하다고 알려진 일들을 또 다른 기회로 여기고 끊임없이 도전해 온 사람들도 있었다. 도저히 할 수 없으리라 생각돼 온 일들에 용감하게 도전함으로써 자신의 삶의 영역을 넓히고 삶의 질을 보다 윤택하게 가꿔 왔다.

마지막으로, 불만족不滿足한 상태에 낙망하거나 포기하지 않고, 만족할 때까지 다시 일어서서 마침내 기다리던 삶을 시작한 그런 사람들이 있었다.

이제 여기에서 세상 사람들의 편견을 용감하게 극복하고, 미치도록 바꾸고 싶었던 자신의 삶을 결국 원하던 모습으로 바꿀 수 있었던 서른 가지 빛나는 인생의 주인공들의 이야기를 하려고 한다. 각 장의 첫 번째 이야기는 내가 직접 겪거나 보고 들은 이야기이며, 나머지 스물다섯 명의 이야기는 수많은 자료를 뒤지고 또 뒤져서 찾아낸 이야기들이다. 그저 감탄만 하며 읽는다면 감동적인 인간 승리의 수기 정도로 느껴질 것이다. 하지만 그 안에 담긴 그들의 삶에 대한 진지한 자세, 자신을 기꺼이 던질 수 있었던 담대한 용기, 수많은 장애와 난관을 극복한 불굴의 의지를 읽을 수 있다면 앞으로 자신의 삶을 한 편의 드라마로 만드는 데 큰 지침이 될 것이라고 자부한다.

우리가 보는 TV의 드라마는 TV의 전원 스위치를 켜야만 시작한다.
이 책이 여러분의 드라마, 드라마틱한 인생의 그 첫 시작을 여는 스위
치가 되기를 기대한다.

네 개의 나라, 여덟 개 매장의 스타벅스에서 쓰고 고치다
신인철

차 례

Prologue_미치도록 내 인생을 바꾸고 싶을 때 • 4

'불편'으로 삶의 가치를 확인하다

손으로 쓰기 • 16

땀 흘리는 하루 살아 보기 • 25

그냥 걷기 • 32

무언가 없이 살아 보기 • 40

내 상처 활용하기 • 48

친구 밑에서 일하기 • 56

'불필요'한 것들에서 보석을 발견하다

모르는 사람에게 최선을 다하기 • 62

생계와 관계없는 고민해 보기 • 71

상관없는 분야에서 최고 되기 • 80

조금은 엉뚱한 친구 사귀기 • 88

허튼 취미에 돈 쏟아붓기 • 95

불필요한 것들 주워 모으기 • 103

3 '불규칙'의 힘을 알면 인생은 더욱 단단해진다

규칙적인 삶의 굴레에서 벗어나기 • 110

대책 없는 여행 떠나기 • 119

사람으로만, 사랑으로만 하루 살기 • 126

한 박자 늦게 가기 • 132

여러 우물 파보기 • 137

늘 하던 습관 하나만 고치기 • 143

4 '불가능'은 기회의 또 다른 이름이다

좋아하는 일을 하는 게 아니라, 하는 일을 좋아하기 • 152

모르는 사람에게 연락하기 • 164

다 큰 남자라도 눈물 흘리기 • 170

용서하지 못할 적을 용서하기 • 177

나를 싫어하는 사람 감동시키기 • 185

더 강한 상대와 일대일로 겨뤄 보기 • 196

‘불만족’을 만족하면 기다리던 삶이 시작된다

불만족을 만족하기 · 204

1m만 더 뛰어 보기 · 214

자신의 일에 목숨 걸기 · 224

최악의 순간에서 배우기 · 230

다 끝난 게임 뒤집어 보기 · 238

멈추지 않고 계속 가기 · 246

Epilogue_인생을 한 편의 드라마로 만들자 · 255

참고문헌 · 259

1

'불편'으로
삶의 가치를
확인하다

두 다리로 대지를 걷는 기쁨,
땀 흘림의 가치를 새롭게 인식하는
바로 그때 당신의 삶이 바뀐다.

손으로 쓰기

군대에서 장교로 근무하던 시절.

본부중대 내무반에 한 이등병이 전입을 왔는데, '보호 관심 사병'으로 분류해 관리하라는 지침이 함께 내려왔다. 이유를 물어 보니, 몸이 불편한 홀어머니를 모시고 사는 외아들이라 면제를 받을 수 있었는데 어릴 때 집을 나가 연락조차 끊긴 아버지가 호적에 보호자로 남아 있어서 어쩔 수 없이 군대에 올 수밖에 없었다고 한다. 그 때문에 혹시라도 어머니가 걱정 되어 딴마음(탈영이나 휴가 미복귀 등)을 먹을 수도 있으니 각별히 살펴 관리하라는 이야기였다.

그러던 어느 날.

위로부터 들은 이야기도 있고 해서 퇴근 후 그 이등병이 생활하는 내무반을 찾았다. 자유 시간을 맞아 TV를 보거나 장기를 두고 있는 병사들 뒤편으로 관물대의 접이식 책상을 펴고 무언가를 쓰고 있는 그가 보였다.

"김 이병, 뭐하나?"

살며시 어깨에 손을 올리며 묻자 김 이병이 소스라치게 놀라 쓰던 종이를 주섬주섬 덮으며 관등성명을 댔다.

"괜찮다. 쉬는 시간인데, 뭘. 자세 편하게 해라. 근데 뭐하고 있었나?"

내가 웃으며 묻자 긴장이 좀 풀렸는지 그가 쓰던 종이를 다시 펼치며 대답했다.

"편지 쓰고 있었심더."

"편지? 누구한테? 애인한테?"

"아입니더. 어무이한테 쓰고 있었심더."

"그래, 잘 생각했다. 부모님께 자주 연락드리고 그래라. 걱정 안 하시도록."

"예."

나는 다른 고참병들과 몇 마디 농담을 더 나누고는 숙소로 돌아가기 위해 내무반을 나섰다. 그때 내무반장을 맡고 있던 선임 병장이 쪼르르 따라 나왔다.

"인사 장교님, 드릴 말씀이 있습니다."

"무슨 일인데?"

"여기서 드릴 말씀은 아니고, 어디 조용한 데서 말씀 드리면 안 되겠습니까?"

"그래? 그럼 내 사무실로 가지."

모두가 퇴근한 인사과 사무실 소파에 앉자 내무반장이 새로 온 이등병 이야기를 꺼냈다.

"아무리 봐도 그 녀석 조금 이상한 것 같습니다."

"왜? 뭐가 이상한데?"

"아까 그 녀석 관물대 앞에 앉아 뭔가 쓰는 거 보셨지 말입니다."

"그래, 어머니께 편지를 쓴다던데?"

"그게 아닙니다. 그 녀석 엉뚱한 짓을 하고 있습니다."

"엉뚱한 짓?"

"예. 그 녀석 매일 틈만 나면 그렇게 웅크리고 앉아서 소설책을 베껴 쓰고 있습니다."

"소설책을?"

"예. 소설책을 펴놓고 편지지에다가 볼펜으로 꼭꼭 눌러서 옮겨 적습니다. 당직 근무자가 그러는데, 가끔 자다가도 일어나서 몰래 그걸 계속한다고 합니다. 정신이 좀 이상한 것 같습니다."

내무반장을 돌려보내고 나는 그 문제에 대해 곰곰이 생각했다. 단순히 고향에 홀로 계실 어머니가 걱정 되어 꼬박꼬박 편지를 적어 보내는 기특한 아들이라 생각했는데, 내무반장의 말처럼 쓸데없이 소설책이나 베껴 쓰고 있다면 정신적으로든 신체적으로든 무언가 문제가 있을 수 있다는 걱정이 들었다.

다시 그로부터 며칠이 지났다. 사무실에 앉아 있는데 그 이등병이 무언가 두툼한 종이봉투를 들고 찾아왔다.

"인사 장교님!"

"어, 그래 왜?"

"저기, 죄송한데 말입니더, 중대 행정병이 이기 무거워서 소포로 부쳐야 한다고 해서 말입니더. 소포 부칠 때는 간부님께 허락을 받아야 한데서 찾아왔심더."

건네받아 들어 보니 제법 묵직한 서류 뭉치였다. 규정상 내용물을 확인해야 했기에 동의를 구하고 봉투를 열어 보았다. 순간 나는 깜짝 놀랐다. 봉투에서 나온 것은 조세희 선생의 소설 『난장이가 쏘아 올린 작은 공』의 일부분을 빼곡히 베껴 쓴 수십 장의 종이 뭉치였다. 얼마나 힘주어 눌러썼는지 글자 하나하나가 모양 그대로 눌려 종이 뒷면을 뚫을 지경이었다. 나는 조용히 종이들을 다시 봉투에 넣어 그에게 건네고는 차 한잔 하자며 밖으로 데리고 나왔다. 내무반장의 말처럼 정말로 정신이 이상한 것은 아닌지, 무슨 이유에서 이런 일을 하는지 알아보기 위해서였다.

"그 소포 누구한테 보내려고 그러지?"

이등병은 고개를 푹 숙인 채 대답이 없었다.

"……."

나는 다시 채근했다.

"괜찮으니까 말해 봐. 아까 그 소포 누구한테 보내려고 그러지?"

이등병이 기어들어 가는 목소리로 대답했다.

"어무이한테 보내드리려고 했심더."

"그래? 어머니한테 왜 소설책을 베껴서 보내드리지?"

"……."

"괜찮아, 이야기해 봐. 왜 소설을 베껴서 보내드리려고 하지?"

어깨를 다독이자 이등병이 천천히 이야기를 시작했다.

"어무이가 지 열두 살 때 고추밭에 약을 치다가 잘못 되어가 눈도 멀고 귀도 멀었심더. 제가 옆에 살 땐 어무이 손바닥에 글자를 써서 이야기도 나누고 하면서 지냈는데, 이케 제가 군대에 와뿌렸으니 적적하시지 시퍼 이래 재미난 이야기라도 좀 보내드리면 어떨까 해가……."

순간 가슴 저 밑바닥에서 뜨거운 무언가가 혹하고 올라와 나는 그만 말문이 막혔다.

눈도 멀고 귀도 먼 어머니가 홀로 적적할까 봐 밤마다 불침번을 마치고 들어와 졸린 눈을 비벼가며 소설을 옮겨 적어 보내는 아들. 휴대전화를 갖고 있으면서도 귀찮아서 부모님께 전화 한 통 하는 것조차 힘들어하는 나 같은 놈이 무슨 자격으로 이 아들에게 할 말이 있겠는가!

나는 다시 이등병의 손에 들려 있는 종이봉투를 바라보았다. 순간 한 가지 궁금한 것이 떠올랐다.

"근데 말이지, 어머니께서 앞이 안 보이시는데 이걸 어떻게 읽으시지?"

그러자 계속 고개를 숙인 채 기어들어 가는 목소리로 대답하던 이등병이 고개를 들더니 봉투에서 자신이 적은 종이 한 장을 꺼내 자랑스럽게 들이밀며 말했다.

"이기 제가 개발한 건데요, 신문을 여러 장 깔고 그 위에 편지지를 놓고 볼펜으로 이래이래 힘을 줘서 눌러 쓰면 뒤쪽으로 요렇게 볼록볼록 글자가 모양대로 튀어나온다 아입니꺼. 어무이가 앞이 안 보이니 촉감이 뛰어나 이래만 튀나와도 손가락으로 충분히 읽을 수 있다카데예."

그제서야 비로소 모든 의문이 풀렸다. 나는 우툴두툴하게 튀어나온 글씨들이 눌려 들어가지 않도록 봉투를 잘 밀봉한 뒤 점심시간을 이용해 직접 우체국에 가서 빠른등기로 부쳤다.

그로부터 며칠 뒤.

일과를 마친 후 중대 행정반에서 본부 중대장과 바둑을 두고 있는데 전화 한 통이 걸려 왔다. 그 이등병과 같은 마을에 살면서 그의 어머니를 돌봐 주시는 분인데 이등병의 어머니가 아들과 통화를 하고 싶다고 해서 전화를 걸었다는 것이었다. 내무반에서 여전히 『난장이가 쏘아 올린 작은 공』 뒷부분을 베껴 쓰고 있던 이등병을 불러 전화를 받도록 했다. 통화를 들어 보니 그가 보낸 소설 필사본을 전해 받은 어머니가 그분께 졸라서 아들에게 전화를 걸어 달라고 한 모양이었다.

"어무이, 접니더. 잘 지내시능교?"

귀가 들리지 않는 어머니는 대답 대신 자신이 하고 싶은 말을 시작했다. 발음이 어눌해서 알아듣기 쉽지 않았지만, 들리지는 않아도 말하는 법을 아직까지는 잊지 않으신 듯했다.

"야야, 이런 거 하느라고 용빼지 말고 몸 잘 챙기래이."

"어무이, 걱정 마이소. 지는 괘안심더."

"봉식이 어매가 잘 챙겨 줘서 나는 좋다. 나는 괘안다."

"아이고, 봉식이형 어무이가 고맙네예."

"밥은 잘 묵고 있나?"

"예. 군대 밥맛 좋심니더. 어무이도 밥 잘 드시지요?"

"어디 아픈 데는 없나? 몸조심 하래이."

어긋나 있는 듯해도 서로의 간절한 마음만큼은 온전히 전해지는 대화가 몇 분간 이어졌다.

그 뒤엔 할 말을 다했는지 잠시 침묵이 흘렀다. 잠시 후 침묵을 깨고 수화기 너머에서 조용히 어머니의 음성이 들려 왔다.

"그때 난……명……희에게…… 공, 공부를 계속하겠다는…… 약속을 했, 했었지만 지킬…… 수가…… 없, 없었다…… 늙은…… 난쟁이 아버지는……더 이상…… 가족의……."

언젠가 읽었던 기억 속 『난쟁이가 쏘아 올린 작은 공』의 일부분이었다. 어머니는 아들이 적어 보낸 소설을 더듬어 읽는 것으로 고마운 마음을 대신하고 있었다.

전화기 저편에서 '아들이 써준 점자 소설'을 읽는 어머니도 울고, 수화기를 들고 '어머니가 낭독하는 소설'을 듣는 아들도 울고, 그 전화를 '엿듣던' 나도 울었다.

그렇게 눈먼 어머니와 병사 아들 그리고 소설 속의 난쟁이 아버지가 함께한 통화는 몇 분 더 이어지다 끝이 났다.

　이등병을 내무실로 돌려보내고 나는 책상을 뒤졌다. 그리고 십수 년 간 펼쳐 보지 않았던 양면괘지와 볼펜 한 자루를 꺼냈다.

　그날부터 나의 글쓰기가 시작됐다.

저도 압니다.
자판으로 글을 쓰는 것이, 메일로 편지를 보내는 것이
얼마나 편하고 또 효율적인지.

하지만

상대방의 마음속 깊은 곳에

영원히 잊지 못할 감동으로 남을

그런 감격적인 것들은

언제나

당신이 꼭 쥔 펜 끝에서 나옵니다.

땀 흘리는 하루
살아 보기

1961년 어느 토요일 아침.

쿠바의 주요 생산품인 사탕수수와 이를 가공한 설탕을 해외로 수출하는 주요 항구인 아바나 항. 그곳 노동자들의 눈에 저 멀리에서 서너 명의 사람들이 걸어오는 것이 보였다.

워낙 다양한 부류의 사람들이 스치듯 오고가는 항구인지라 별반 신경 쓰지 않을 일이었지만, 이번에는 달랐다. 유독 눈길이 갔다.

그도 그럴 것이 수십 배는 족히 넘는 숫자의 사람들이 그 서너 명을 둘러싸고 연신 사진기의 플래시를 터뜨렸기 때문이다. 노동자들은 아예 운반 수레와 작업 도구를 땅에 내려놓고 그 희한한 광경을 지켜보았다.

하지만 단 한 사람. 그 서너 명의 무리들 중에서도 유독 눈에 띄는 사람이 있었다. 단정한 군복 차림에 특이한 모양의 베레모를 썼으며, 아무렇게나 다듬은 듯하지만 꽤 잘 어울리게 턱수염을 기른 인상적인 모습의 한 사내. 그는 이 모든 것이 아무렇지도 않다는 듯 좌우의 사람들과 잡담을 나누며 사탕수수가 담긴 가마니 더미 앞에 모여 있는 노동자들을 향해 다가왔다.

"안녕들 하시오? 일을 돕고 싶어 왔소."

그는 쾌활하게 인사를 건네며 훌렁, 웃통을 벗어젖혔다. 그러자 양 옆에 따라오던 사람들도 마지못해 웃옷을 벗고 일손을 도울 준비를 했다. 아직 노동자들은 이들이 누군지, 그리고 왜 왔는지조차 알아채지 못했다.

"자, 뭘 도울까요?"

웃통을 벗은 사내가 노동자들이 땅바닥에 팽개쳐 놓은 수레를 잡아들며 물었다. 순간, 잠시 잠잠하던 카메라의 플래시가 일제히 다시 터지기 시작했다. 노동자들은 그 빛에 눈이 부셔 두 손으로 눈을 가렸다. 그때, 그 불빛 사이로 한 노동자의 외침이 들렸다.

"사, 사령관님이다!"

그제야 다른 노동자들도 그가 누군지 알아차리고는 일제히 큰소리로 연호했다.

"와!"

"와! 이럴 수가!"

"와아아아!"

가마니에서 흘러나온 설탕과 사탕수수 진액이 한데 뒤섞여 발효되며 생기는 열기와 냄새 탓에 늘 퀴퀴함이 가득했던 아바나 항이, 터지는 플래시 불빛과 노동자들이 일제히 외치는 함성에 그 어느 정치 집회나 축제의 광장보다 더 들뜨고 열광적인 공간이 됐다.

하지만 정작 '사령관'이라 불린 사내는 그런 것쯤 신경 쓰지 않는다는 듯 50kg이 넘는 가마니들을 수레에 실어 옮기기 시작했다. 함께 온 사람들도 주저 없이 일손을 도왔다. 진지하게 일하는 그의 모습 탓에 열광적인 분위기는 얼마 지나지 않아 사그라졌고 노동자들도 하나 둘 저마다의 할 일을 찾아 이리저리로 분주히 자리를 옮겼다. 다만, 특종을 찾으러 온 기자들은 사령관이 일손을 멈추고 인터뷰나 연설을 할지, 작업을 끝내고 다른 곳으로 떠날지를 기다리며 그의 일거수일투족을 지켜보고 있었다.

"여기 얼마나 있을까?"

"글쎄, 와서 일하기 시작한 지 30분이 넘어가니까 이제 슬슬 노동자들이랑 기자들을 향해 몇 마디 하고 떠나지 않을까 싶은데."

부두 한쪽에서 연신 수레로 가마니를 나르고 있는 사령관과 다른 노동자들의 모습을 지켜보던 기자들이 그가 언제 일손을 멈추고 다음 일정을 위해 떠날지를 예측하며 이야기를 나눴다. 대부분의 기자들이 30분이 되기 전에 그가 일을 그만두고 떠날 것이라는 쪽으로 의견을 모았다. 하지만 그들의 예상은 보기 좋게 빗나갔다. 사령관의 노동은 30분은커녕 몇 시간이 지나도록 멈출 줄을 몰랐다.

다른 노동자들이 그런 것처럼 간혹 10분씩 맛깔나게 시가를 한 대 피우느라 잠시 일손을 놓는 것을 제외하고 그는 여느 노동자처럼 땀을 뻘뻘 흘리며 사탕수수와 설탕이 담긴 가마니들을 나르고 쌓는 일을 계속했다.

그렇게 몇 시간이 지나자 그의 권유에 마지못해 함께 부두를 찾았다가 원치 않던 노동에 동참하게 된 동료 한 명이 자리에 털썩 주저앉으며 말했다.

"이봐요, 사령관! 이제 그만해도 되지 않나요? 주중에도 사무실에서 밤늦도록 일하고, 오늘 같은 주말에도 쉬지 않고 이렇게 몸을 혹사시키면 곧 병이 나고 말 거라고요. 사진기자들도 사진을 충분히 찍었을 테고, 이제 그만하고 가시죠."

동료는 두꺼운 뿔테 안경을 벗어 렌즈에 맺힌 땀을 닦으며 불평 아닌 불평을 늘어놓았다. 그러자 사령관이 그의 옆에 다가와 앉으며 말했다.

"이봐, 난 누구에게 보이거나 무얼 홍보하려고 여기 온 게 아닐세. 난 정말로 저들과 함께 일하는 게 즐거워서 온 거야. 주중에는 장관으로서 열심히 일한 거고, 주말을 맞아서는 평온한 안식을 얻고 노동자들과 함께하고 싶어서 온 거지."

그렇게 말하고는 다시 무거운 가마니들을 수레에 옮겨 싣기 시작했다. 불평을 늘어놓던 동료도 입을 다문 채 그와 함께 가마니를 나르기 시작했다.

이 이야기는 역사상 가장 위대한 게릴라이며, 죽은 지 수십 년이 지나도록 전 세계 젊은이들의 마음속에 저항 정신의 화신으로 살아 있는 인물, '인류 역사상 가장 완벽한 개인'으로 칭송 받았던 혁명가 체 게바라Ernesto 'Che' Guevara가 쿠바의 고위직에 머물던 1961년의 어느 날 있었던 일이다.

그러나 이날이 정확하게 몇 월 며칠이었는지는 전해지지 않는다. 왜냐하면 체 게바라가 자신의 업무를 마치고 야간이나 주말에 생산 현장에 나가 노동자들 속에 뒤섞여 땀 흘려 일하는 것은 그의 일생 중에 전혀 특별할 것 없는 평범한 일에 지나지 않았기 때문이다.

체 게바라가 노동의 가치를 얼마나 높이 사고, 그 스스로 땀 흘려 노동하는 것을 얼마나 사랑했는지를 알려 주는 또 하나의 일화가 있다. 역시 그가 자신의 업무를 마치고 한 노동 현장에 일을 하러 갔을 때의 이야기이다. 체 게바라 자신을 포함한 수많은 사람들이 땀 흘려 일하고 있는데 유독 한 사람만이 트럭 주위에 서서 빈둥빈둥 놀고 있는 것이었다. 자신의 키보다도 훤칠하게 큰 사탕수수를 정글 칼로 베어 내던 체 게바라가 그에게 다가가 말했다.

"이봐, 동지! 당신 뭐하는 거야? 당신 칼은 어디 있어?"

그러자 사내는 못마땅하다는 듯 질겅질겅 씹고 있던 사탕수수를 뱉으며 마지못해 예의를 갖춰 대답했다.

"저는 여기 사탕수수 수확을 하러 온 게 아니에요. 전 트럭 운전사라고요."

말이 끝나기도 전에 그의 발 앞에 무언가가 툭 던져졌다. 사탕수수 수확을 위한 정글 칼이었다.

"이봐, 동지. 지금 트럭을 운전하는 건 아니잖아. 트럭을 운전해야 할 때가 되면 그때 하면 되고. 어서 그 칼을 집어 들고 다른 사람들과 함께 일손을 도와. 아니면 지금 당장 짐을 싸서 떠나든지. 아! 트럭은 걱정할 필요 없어. 갈 때 내가 직접 운전해서 가면 되니까."

너무나 당연하다는 듯 말하는 체의 단호함에 운전사는 별 수 없이 칼을 들고 사탕수수밭으로 들어가 일손을 도울 수밖에 없었다고 한다.

체는 이처럼 '자발적 노동'의 가치를 매우 소중하게 생각했다. 1964년 8월 15일 자신이 장관으로 있던 산업부에서 근무하는 직원들에게 보내는 인사말에서도 '자발적 노동과 의식 변혁'에 대해 이야기하며 자신과 쿠바 혁명 정부가 꿈꾸는 '새로운 사회와 인간의 창조'에서 '자발적인 노동'이 지니는 탁월한 의미를 아주 집요하리만치 자세하게 언급하고 또 강조했다.

그리고 그런 모습에서 사람들은 천 마디 말보다 더욱 진심 어린 그의 뜻을 느끼고 공감할 수 있었다. 그렇게 그는 '군사 혁명가'에서 '인류의 꿈을 상징하는 완벽한 인간'이 됐다.

후회 없는 삶을 위한 메시지

사람들을

마음 깊은 곳에서부터

진심으로 동감하게 만드는

멋진 웅변은

그 내용이 아니라

사람들 앞에서 흘린 웅변가의

굵은 땀 한 방울이었습니다.

어느 하루쯤은

비누 냄새 대신

뜨끈한 땀 냄새, 살아 있는 냄새로 범벅이 된

하루를 살아 보면 어떨까요?

땀 흘리세요.

당신은 살아 있습니다.

그냥 걷기

그는 1938년 프랑스에서도 가난하기로 유명한 북서부 해안 지역 망슈
Manche에서 아무것도 가진 것 없고, 앞으로도 무언가 가질 만한 가능성
이라곤 티끌만큼도 보이지 않던 한 촌뜨기 광부의 아들로 태어났다.

누군가는 '태어나면서부터 은수저를 물고 난다'고 하던데, 그는 '태
어나면서부터 두 손과 두 발에 가난을 달고' 나왔다. 하지만 어려서부
터 머리가 총명했고, 배우고 익히는 것을 즐겼던 성품 덕분에 가난하
지만 그럭저럭 즐거운 학교생활을 이어 나갈 수 있었다.

하지만 열여섯 살이 되던 해, 그는 자신의 성취욕과 미래에 대한 희
망, 배움에 대한 욕구, 또래 친구들과 함께 교실에서 웃고 떠드는 즐거

움을 만끽하기엔 자신의 집이 너무 가난하다는 것을 깨달았다. 어쩌면 이전부터 깨닫고 있었지만 애써 외면했었던 현실을 이제 더 이상 피할 수만은 없다는 것을 깨닫게 되었다는 편이 맞을 것이다.

결국 학교를 그만둔 그는 그때까지 자신의 아버지가 경험했던 것보다 훨씬 더 많은 종류의 직업들을 가져야 했다. 1, 2차 세계대전을 겪으면서 그의 조국이었던 프랑스는 단 한 번도 승전국이 아닌 적이 없었지만, 두 차례의 세계대전을 겪은 유럽은 승전국인 프랑스나 패전국인 독일을 포함해 너나없이 모두 지독한 가난과 결핍에 시달려야 했다. 처음에 외판원으로 일했던 그는 장사가 잘 안 되면 바다를 면하고 있는 망슈 지방 곳곳의 부두에서 막노동을 했다.

그러나 부두 막노동은 일이 고된 데 반해 급여가 형편없었다. 게다가 일도 들쭉날쭉했다. 일이 없을 때면 몇 날 며칠이고 멍하니 쉬어야 했다. 그래서 그가 새로 찾은 직업은 건설 현장에서 기술자를 따라다니며 허드렛일을 도와주는 일이었다. 하지만 그마저도 날씨가 나쁘면 공칠 때가 많다 보니 부두 막노동과 다를 바 없었다. 이후 웨이터, 학교 보조교사 등 수많은 직업을 전전했지만 벌이는 별반 나아지지 않았고, 또 언제 일자리가 사라질지 몰라 늘 불안했다. 여전히 가난은 그의 등 뒤에 매달려 있었다.

그런 와중에도 그에게는 꿈이 있었다. 지금 생각해 보면 그 꿈이 무엇이었는지 구체적으로 설명할 수도 없고, 진짜 그것이 꿈이었는지 아니었는지조차 가물가물하지만 마음속엔 언제나 '그냥 가만히 있으면 안 돼. 조금이라도 뚜벅뚜벅 무언가를 향해 걸어 나가야 해'라는 생각이 가득했다. 그래서 하루 벌어 하루 먹고 살기도 버거운 치열한 삶 속에서도 밤이면 책을 펴고 공부를 계속했다. 대학을 가겠다거나 박사학위를 따겠다거나 하는 크고 거창한 목표가 있었던 것은 아니었다. 다만, 그저 조금씩이라도 어딘가를 향해 나아가야 한다는 생각이 그를 그렇게 하도록 이끌었다.

1964년, 그는 결국 학교에서 내내 공부만 하던 아이들도 붙기 어렵다는 바칼로레아(프랑스 대입 시험)에 당당히 합격했다. 그 여세를 몰아 그는 프랑스에서도 수재들만 들어간다는 언론인 양성을 위한 명문 그랑제꼴(프랑스 특유의 학 · 석사 통합 과정)인 CFJ_{Centre de Formation des Journalistes}에 입학했다.

그곳에서 열심히 공부한 그는 이후 《파리 마치》《르피가로》 등 프랑스는 물론 전 세계적으로 유명한 언론사에 취직해 정치부와 사회부 기자로 프랑스 전역과 세계 곳곳을 누볐다. 그리고 여러 번 특종을 거머쥐기도 했고, 깊이 있는 칼럼을 써서 프랑스 언론계에 이름을 떨치기도 했다. 타고난 꼿꼿한 성품과 기자 특유의 깐깐한 성격 탓에 남보다 특출 나게 대단한 재물을 모으지는 못했지만, 30여 년간 열심히 기자 활동을 한 덕분에 어느 정도 여유 있는 삶을 살아도 될 만큼의 돈은 모을 수 있었다.

그는 밤잠을 줄여 가며, 하고 싶은 것을 참아 가며, 때로는 묵묵히 또 때로는 헐레벌떡 걸어온 그 장기간의 행군을 마치고 이제는 좀 쉬어도 되겠다는 생각을 했다. 1990년대 후반의 어느 날까지는 그랬다.

그러다 1990년대가 저물어 가던 어느 날, 그는 우연히 자기 자신을 되돌아보았다.

기자로서 최고의 자리까지 맛본 뒤 이제 은퇴를 앞둔 원로 기자. 자녀들까지 모두 가르치고 독립시켜서 이제 가장으로서도 은퇴를 앞둔 아버지. 이미 10여 년 전 사랑하는 아내를 병으로 잃은 뒤 남편으로서도 은퇴해버린 홀아비.

이제 어느 곳으로도 더 나아갈 곳 없는 그저 늙고 지친 모습의 자신이 보였다. 평생을 그래왔듯이 어딘가를 향해 계속해서 나아가고 싶지만, 이제는 더 나아갈 곳이 없었다.

그때 그의 눈에 지도 한 장이 보였다. 그가 살고 있는 프랑스로부터 동쪽으로 펼쳐진 광활한 아시아 대륙의 지도.

순간 그는 다시 나아가야 할 길을 발견했다. 다만 이번에 나아가려는 길은 진짜 길이었다. 그것도 버스나 기차를 이용해서가 아니라 온전히 그의 두 발로 뚜벅뚜벅 걸어 나갈 바로 그 길이었다.

다음 날 그는 자녀들과 친구들에게 자신의 여행 계획을 말했다. 자녀들도 친구들도 모두 그의 여행 계획에 대찬성했다.

"멋져요, 아빠!"

"그래요, 이젠 좀 쉬시면서 여기저기 여행이나 다니세요."

"하하, 부럽네, 부러워!"

그때였다. 친구 하나가 '왜 안 물을까?' 라고 생각했던 바로 그 질문을 던졌다.

"그런데 항공권은 모두 예매해서 가나? 아니면 다음 도착지에서 그 다음 도착지까지 가는 항공권을 구매하는 방식으로 떠날 건가?"

그는 잠시 머뭇거리다 솔직하게 대답했다.

"항공권은 구입하지 않았네. 걸어서 갈 거거든."

걸어서 아시아 대륙을 횡단할 것이라는 그의 대답에 여행을 축하하고 응원하던 자녀들은 물론 친구들까지도 만류하고 나섰다. 그도 그럴 것이 그는 비행기를 타고 하는 여행도 조금만 시간이 길어지면 몸에 이상 신호가 오기 시작하는 나이이기 때문이었다. 더군다나 차를 타는 것도 아니고 두 발로 걸어서, 그것도 프랑스 땅도 아닌 말 한마디 안 통하는 머나 먼 아시아 대륙을 가로지르겠다는 계획은 그의 가족이나 친구들에게 마치 사지死地로 자청해서 떠나겠다는 순교자의 계획처럼 느껴지고도 남을 이야기였다.

하지만 '걸어서' 아시아 대륙을 횡단하겠다는 그의 의지는 확고했고, 그다음 날부터 그는 본격적인 계획과 준비에 들어갔다. 조금은 불편하고 힘든 시간이겠지만, 걸어서 하는 그 여행이 남아 있는 인생과 그 인생을 살아갈 자기 자신에게 크나큰 도움이자 선물이 될 것이라는 확신이 그에게는 있었다.

그리고 얼마 뒤 그는 유럽의 끝이자 아시아의 시작인 터키의 이스탄불을 시작으로 실크로드를 가로질러 중국의 시안西安까지 아시아 대륙을 가로질렀다. 온전히 자신의 두 발만으로.

수도 없이 신발이 닳아 헤졌고 두 발은 퉁퉁 붓다 못해 물집이 잡힌 곳에 또 물집이 잡히면서 그것들이 동시에 터져 때로는 고름과 피범벅이 되기도 했지만, 그는 걷고 또 걸었다.

그렇게 느리게 걸을수록 '찰나'가 '시간'으로, '시간'이 '날'들로 변해 갔고 '점'이 '선'으로, '선'이 '면'으로 그리고 결국 그 '면'들과 '날'들이 합쳐져 인생으로 또 세상으로 보이기 시작했다. 4년 동안 몇 차례에 걸쳐서이긴 하지만 온전히 자신의 두 발만으로 아시아 대륙을 횡단한 그의 여행은 많은 사람들에게 감동을 주었고, 그 경험과 감동과 감상들이 한 권의 책으로 묶였다.

그리고 그 책은 『나는 걷는다』(전3권)라는 이름으로 출간됐다.

그는 지금도 인생에서 가장 불편한 경험을 제공할 수도 있는 '걷기'라는 활동을 통해 비행청소년들이 인생의 참 의미를 깨닫고 삶의 소중함을 재인식해 삶에 있어서 다시금 극적인 반전의 기회를 가질 수 있도록 하는 '쇠이유Seuil'라는 협회를 꾸려 가고 있다.

그의 이름은 세계적으로 유명한 베르나르 올리비에Bernard Ollivier이다.

세계적으로 철학이 유명한 대학 곁에는
공통적으로 꼭 있는 것이 하나 있습니다.
바로 '길' 입니다.

독일 철학의 본산인 하이델베르크 대학의 강 건너편에는
칸트와 헤겔이 걸었다는 '철학자의 길Philosophenweg'이 있고,
일본 철학의 산실인 교토대학교에서 얼마 떨어지지 않은 곳에는
니시다 기타로가 걸었다는 '철학의 길哲学の道'이 있습니다.

이를 두고, 이 시대의 스승 틱낫한 스님은
'세상의 모든 길, 모든 거리가 다 명상을 위한 장소다'라고
했습니다.

그럼에도 불구하고 우리는 어느 샌가 우리도 모르게,
우리 인생을 보다 가치 있게 만들어 주고,
우리 삶의 불분명한 부분을 보다 명확하게 만들어 줄,
그런 기회, 그런 장소들을
과도한 안락함과 편안함만을 쫓아
자동차와 비행기에게 고스란히 내어 준 것은 아닐는지요.

이제 되찾아 옵시다.

길을, 생각을, 인생을,

우리의 두 발 아래로

물론 조금은 불편하겠지만, 우리 삶의 극적인 순간은

바로 그런 불편함에 숨어 있습니다.

무언가 없이
살아 보기

"휴우…… 이제 이것만 마시면 가는 건가?"

사내는 손에 쥔 농약병을 바라보았다. 벌써 다 버렸다고 생각했는데 용케 어딘가 한 병이 남아 있었다. 대충 쓴 유서 몇 장을 가지런히 벗어 둔 구두로 날아가지 않게 눌러놓은 뒤 그는 손에 든 농약병의 뚜껑을 돌려 땄다.

불과 8, 9년 전까지만 해도 그는 자신이 살고 있는 이와키 지역 인근에서 가장 잘나가는 과수 재배업자 중 한 명이었다. 하지만 불과 몇 년 사이 그의 집안은 완전히 파산하고 말았다. 세금 낼 돈이 없어서 집안 곳곳에 공매 처분 물품임을 알리는 빨간 딱지가 붙었고, 여기저기 돈을 빌리다 보니 이웃들은 물론이고 친척들도 그를 피했다. 그래도 거기까지는 참을 만했다. 건강보험료를 내지 못해 보험공단에서 탈퇴 처분이 되면서 가뜩이나 병치레가 잦았던 아내는 치료를 받지 못해 건강이 더더욱 나빠졌다. 아이들 또한 제때 수업료를 내지 못한 지 오래다. 아파서 콜록 대면서도 병원을 가지 못하는 아내와 닳고 닳아서 손에 쥘 수도 없는 몽당연필 몇 개를 테이프로 이어 붙여 사용하는 아이들의 얼굴을 뒤로 하고 그는 집을 나와 막 극단의 선택을 하려는 참이었다.

"이게 다 이놈의 농약 때문이야……. 근데 내가 지금 이 농약으로 인생을 마무리하려고 하다니, 허허허."

그는 헛헛한 웃음을 지으며 손에 든 농약병을 다시 바라보았다.

그는 일본의 사과 산지로 유명한 아오모리 현 이와키마치의 전도유망한 청년 과수업자였다. 그가 생산하는 사과는 생산량도 많고 당도 또한 높기로 유명했다. 남들보다 훨씬 부지런하고 사과의 생육 조건에 대해서도 밝았던 그는 때에 맞춰 비료도 듬뿍 주고, 농약도 자주 뿌려 주었다. 당연히 그가 키운 사과는 윤기가 흐르고 병충해 피해도 거의 입지 않은 우수한 제품으로 출하됐다. 그는 아오모리를 넘어서 일본 제일의 과수업자가 되겠다는 꿈을 꿨다. 그때의 기세로라면 그저 꿈만 아닌 가능성 있는 희망이었다.

그러던 어느 날이었다. 결혼 전에도 썩 건강한 편은 아니었지만 그래도 그런대로 괜찮았던 아내가 시름시름 앓기 시작한 것이다. 병명도 몰랐다. 의사들은 그저 "다른 사람보다 화학 물질에 예민한 체질이라

농약이나 비료처럼 농가에서 널리 쓰는 화학 물질에도 쉽게 반응하는 것 같다"고 답할 뿐이었다. 어찌되었든 농약과 비료가 아내의 건강을 해치는 주요 원인 중 하나라는 이야기였다. 아내를 사랑했던 그는 그날로 가급적이면 농약과 비료를 쓰지 않고 사과 농사를 짓기로 마음먹었다. 수확량이 떨어지고 병충해가 들끓었지만 그래도 많이 나쁘지는 않았다. 그런데 얼마 뒤, 그는 그의 인생을 바꿔 놓는 한 권의 책을 읽게 된다.

후쿠오카 마사노부福岡正信라는 일본의 유명한 자연주의, 생명주의 농법의 창시자가 쓴 『자연 농법』이라는 책이었다. 후쿠오카 마사노부는 세관에서 수입되는 식물을 검역하는 검역관이었다. 밤잠을 잊을 정도로 열심히 근무해 명성과 부의 기반을 어느 정도 쌓을 무렵 그는 폐렴에 걸려 죽음의 문턱까지 가게 됐다. 그러면서 깨달은 바가 있어 스스로 수양을 한 뒤 생명주의 농법과 자연주의 철학을 실천하고 보급하는 데 앞장서게 됐다. 사내는 바로 그의 책을 읽은 것이다. 그곳에는 우리 인간이 얼마나 '반자연적'이며 '비생명적'으로 농사를 짓는지, 그리고 그 영향으로 얼마나 많은 자연이 파괴되고 숱한 생명들이 고통으로 신음하는지가 적나라하게 적혀 있었다. 그 책을 읽고 감명을 받은 사내는 그날로 집 앞마당의 창고와 과수원의 헛간에 있는 농약과 비료들을 모두 내다 버렸다. 그리고 '무농약, 무비료'로 사과 재배를 시작했다. 그때까지만 해도 무언가 될 것 같다는 기대감과 자신감이 있었다. 하지만 기대와 자신감은 거기까지였다.

5월이면 피기 시작해서 8월 초면 벌써 사과의 모양을 갖춰야 할 사과 꽃이 9월 중순이 되었는데도 필 생각을 하지 않았다. 매년 듬뿍듬뿍 주었던 비료를 한순간에 단 한 줌도 주지 않은 결과였다. 말끔해야 할 사과 줄기가 여기 저기 벌레들이 파먹은 구멍으로 뒤덮였고 반들반들해야 할 사과 잎사귀는 시커멓게 타들어 갔다. 적어도 1년에 여섯 번에서 아홉 번, 비가 많이 오거나 전염병이 유행일 때는 열두 번 이상 뿌렸던 농약을 단 한 방울도 쓰지 않았으니 어쩌면 당연한 결과인지도 몰랐다.

그렇게 나무들은 말라 타들어 갔고, 수확은 줄어들다 못해 아예 제로 상태가 되어버렸다. 수입이 없으니 가세는 나날이 기울었고, 결국 그에게 남은 것은 엄청난 빚과 손에 쥔 농약병 하나뿐이었다.

그는 마지막으로 자신의 눈앞에 펼쳐진 사과나무 밭을 바라보았다. 벌써 몇 년째 열매도 맺지 못하고 잡초만이 무성해서 모르는 사람이 보면 과수원인지조차 알 수 없는 지경이었다.

그때였다. 문득 생명의 불씨조차 사위어 가던 나무들이 무언가 말을 하고 싶어 한다는 것이 느껴졌다.

'아직은 아니야.'

'조금만 더 가야지.'

'이봐, 이대로 끝낼 건가?'

나무가 자신에게 하는 이야기인지 자신이 자기 스스로에게 하는 이야기인지 구분이 가지 않았다. 하지만 그의 귀에 분명히 들렸다. '한번 만 더 해보자'라는 수많은 외침들이. 그 외침에 이끌려 그는 손에 들고 있던 농약병을 내동댕이쳐버리고는 사과나무 밭으로 뛰어 들어갔다. 그리고는 "시누나이데 구다사이! 시누나이데 구다사이!"라고 외치며 병충해를 막아 준다는 식용유를 다 말라비틀어진 나무줄기에 정성 들여 바르고, 잎에는 역시 벌레들의 번식을 막아 준다는 식초를 분무기에 담아 뿌렸다. 그러면서도 그의 입에서는 연신 "시누나이데 구다사이"라는 말이 흘러 나왔다.

'시누나이데 구다사이 死ぬないでください.'

'죽지만 말아 주세요'라는 뜻의 이 말은, 바짝 타들어 간 사과나무를 보면서 '꽃을 피우지 않아도 열매를 맺지 않아도 좋으니 제발 말라 죽지만 않았으면 좋겠다'는 생각에서 한 이야기였다. 하지만 이 말은 자기 자신에게 하는 이야기이기도 했다.

"시누나이데 구다사이, 시누나이데 구다사이……."

그는 눈물을 줄줄 흘리면서 사과나무 사이를 헤집고 다니며 기름을 바르고 식초를 뿌렸다.

다음날도 그 다음날도 마찬가지였다. 그는 아침에 일어나자마자 과수원으로 나가서는 큰 소리로 웃으며 사과나무들에게 말을 걸었다. 그리고는 식용유를 바르고 식초를 뿌리며 역시 또 그 이야기를 했다.

"힘들게 해서 미안합니다. 꽃을 피우지 않아도 좋고 열매를 맺지 못해도 좋습니다. 다만, 제발 죽지만 말아 주세요."

그러던 5월의 어느 날.

그날 역시 과수원에 들어서자마자 큰 소리로 웃으며 식초와 식용유

통을 챙기는데, 그의 눈에 무언가가 보였다. 그것은 파란 망울 틈으로 하얗게 움을 틔우려는 사과나무 꽃이었다. 농약과 비료를 버리기로 다짐한 뒤 단 한 번도 보지 못했던 5월의 사과 꽃이었다. 자세히 살펴보니 사과 꽃이 한두 송이가 아니었다. 과수원 전체의 사과나무들이 일제히 하얀 꽃망울을 터뜨릴 준비를 하고 있었다. 조금 오랜 시간이 걸리긴 했지만 그의 사과나무들은 이제 농약과 비료 없이 자신의 힘만으로 성장하고 결실을 맺는 법을 조금씩 알아가기 시작한 것이다.

이후 그의 과수원은 몰라보게 변했다. 말라비틀어져 부러질 것만 같았던 나뭇가지가 이제는 사과가 너무 많이 달려 그 무게에 부러질 지경이 됐다. 그렇게 수확한 사과는 기존에 비료를 주어서 인공적으로 당도를 높인 사과와는 그 맛에서부터 차이가 확연했다. 달콤하면서도 야생 특유의 풋풋함이 살아 있는 그의 사과 맛은 이내 아오모리 현을 벗어나 도쿄, 오사카, 저 멀리 후쿠오카까지 명성을 떨치기 시작했다. '농약 없이' '비료 없이' '자연 스스로의 힘으로' 키웠다는 점이 강조된 그의 사과는 결국 구입하려는 사람들이 너무 많이 몰려들어 일인당 구매 한도를 정하고 추첨을 통해 구입할 수 있는 권한을 주는 지경에까지 이르렀다고 한다.

지금도 그의 사과는 '자연이 준 선물' '실온에 두어도 썩지 않는 사과' '생명의 신비가 살아 있는 기적의 사과'라는 극찬을 받으며 일본인이 자랑하는 최고의 과일로 각광받고 있다고 한다. 이 사과를 만들어 낸 사내, 하지만 30대에는 죽어가는 과수원과 가난으로 시름하는 가족들의 비참한 모습을 차마 보지 못해 극단의 선택을 하려고 했던 바로 그 사내는 이후 일본 친환경 농업의 전설적인 존재로 자리매김하게 된다.

그의 이름은 기무라 아키노리木村秋則.

후에 한 방송국 리포터가 그에게 "어떻게 농약 한 방울, 비료 한 줌 없이 농사를 지을 결단을 내리실 수 있었죠?"라고 질문을 던진 적이 있다. 그러자 그는 웃으며 이렇게 대답했다.

"무언가 없이 농사를 지은 게 아니라, 해야 할 일만 하며 농사를 지은 겁니다. 사과나무는 알아서 잘 커주었습니다. 전 그저 곁에서 쓸데없는 일을 하지 않고 해야 할 일만 하며 그들을 도운 것뿐이죠."

후회 없는 삶을 위한 메시지

조난당한 배에서 뛰어 내릴 때
여권, 돈, 신용카드, 시계, 휴대전화……
모두 필요 없습니다.
그저 구명조끼 하나만 있으면.

인생이 힘들 때 우리는 자꾸
무언가 더 짊어지고
더 가져가고
더 챙기려고 합니다.

지금 이 순간 무언가를 챙기기보다
정말 내려놓기 힘들었던
정말 중요하다고 생각되던
정말 필요하다고 여겨오던
그 무엇을 내려놓아 보는 것은
어떨까요?

가벼워 진 것은 당신의 몸만이 아닐 것입니다.

내 상처 활용하기

'펑!'

거기까지였다. 그가 들은 소리는.

사실 그 소리도 실제 들은 것인지, 나중에 그런 소리를 들었다고 생각이 든 것인지조차도 이제는 조금씩 헷갈린다. 아무튼 순간적으로 엄청난 열기와 바람이 그의 얼굴로 불어 닥쳤고 그는 그 힘에 밀려 몇 미터 밖으로 내동댕이쳐졌다. 그리고는 기억을 잃었다.

그의 인생을 바꿔 놓은, 그리고 다른 수많은 사람들의 삶을 바꿔 놓은 대단한 사건치고는 지극히 평범한 사고였다.

“들리세요? 제 이야기 들리세요?”

그는 가느다랗게 실눈을 떠보았다. 오랜만에 보는 햇살에 눈이 부셔서 잠깐 눈을 감았다가 다시 뜨기를 반복했다. 어렴풋이 한 여성이 자신의 얼굴 가까이에 대고 말을 걸고 있는 게 보였다. 처음 보는 얼굴이었다. 눈을 조금 크게 떠보았다. 역시 처음 보는 얼굴이었고, 게다가 장소도 낯설었다.

“여기가 어디요?”

그가 입을 열자 주변에서 탄성이 터져 나왔다. 그는 눈을 완전히 뜨고 고개를 돌려 주변을 둘러보려 했다. 하지만 목이 쉽게 돌아가지 않았다. 뭔가 자신의 머리와 어깨를 감싸 쥐고 있는 것 같다는 느낌이 들었다.

“무리하지 마세요. 잠시 안정을 취하시도록 고정해 두었으니까.”

그때서야 그는 자신이 어디에 와 있는지 감이 오기 시작했다. 그리고 그녀에게 말을 걸었던 여성의 정체도, 주변에서 안도하며 환호하는 사람들이 누구인지도 알 만했다.

“닥터 휴버, 이제 정신이 드세요?”

의사 가운을 입은 사내가 물었다.

“네.”

“어떤 일이 있었는지 기억나십니까?”

“일상적인, 그래요, 그냥 일상적인 실험이었어요. 하루에도 서너 번씩 하던. 그런데……”

그는 순간 이상한 느낌이 들었는지 자신의 얼굴로 손을 가져갔다. 그러자 처음 말을 걸었던 여자 간호사와 의사가 화들짝 놀라며 서둘러 그의 두 손을 붙잡았다.

"뭐죠? 내 얼굴이……내 얼굴에 무슨 일이 생긴 거죠?"

얼굴 전체가 뭔가로 뒤덮인 불쾌한 느낌이 들어 손으로 만져 보려는 그를 황급히 만류하는 의료진에게 그가 물었다. 의사는 그의 손을 붙잡은 채 한참 동안이나 머뭇거리다가 어렵사리 입을 열었다.

"사고가 있었습니다."

"그건 나도 알고 있습니다."

"그런데 그 사고 때 발생한 열풍과 몇 가지 화학 물질이 당신의 얼굴 피부 조직에 닿으면서 조직이 손상되었습니다."

"그럼?"

"쉽게 말해 화상을 입으셨습니다."

얼굴에 화상을 입었다는 이야기에도 불구하고 그는 평상시 연구 결과에 대해 냉정하고 객관적인 시각으로 대했던 고참 연구원의 모습을 잃지 않았다.

"피부 손상 정도는요?"

"그게 아직…… 일단 소독 등의 응급처치만 한 상태라. 며칠 두고 봐야 합니다."

"그래도 현재 손상 정도로 어느 정도 예측은 가능하지 않습니까?"

"앞으로 상처 부위에 염증만 안 생기면 매우 심각한 정도는 아닙니다."

"흉터는요?"

"그게……."

"괜찮습니다. 말씀해 주세요."

"피부 세포는 한 번 손상되면 재생이 되어도 어느 정도……."

"흉터는 남는다는 이야기이지요?"

"예. 하지만 심하진 않을 겁니다."

"네. 알았습니다."

"성형수술을 통해 최대한……."

"알았으니 나가 주세요."

의사와 간호사 그리고 사고 소식을 듣고 달려온 가족과 동료들 모두 그의 눈치를 살피다 하나둘씩 병실 밖으로 나갔다. 그는 홀로 병실에 남았다.

그다지 크게 화가 나거나 낙담을 한 것은 아니었다. 잠시 혼자 생각을 가다듬으며 자신에게 일어난 일들을 정리하고 앞으로 어떻게 해야 할지에 대해 생각할 시간이 필요했을 뿐이다.

그는 그랬다. 학교를 졸업하고 꿈에도 그리던 미 항공우주국 NASA 에 연구원으로 근무하면서부터 생긴 습관인지도 몰랐다. 발생하는 모든 문제에 탓을 하고 그 문제의 원인이 된 사람을 찾아서 원망하기보다는 현상들을 최대한 있는 그대로 받아들이고 그에 대한 대응책을 만들어 내는 데 에너지를 쏟는 것이 편했다. 비록 사고가 발생했고 그로 인해 그의 연구원 경력에도 흠집이 났을 것이 분명했다. 더군다나 그의 얼굴에는 없어지지 않을지도 모르는 큰 화상까지 생겼다. 하지만 그는 그런 현실에 낙담하지 않았다. 다만, 앞으로 어떻게 해야 할지를 빨리 찾아내는 것이 중요했다.

아무리 문제가 발생하거나 어려움에 맞닥뜨려도 굴하지 않는 성격 이라고는 하지만, 앞으로 어떻게 해야 할지를 스스로 찾아내지 못한다 면 자신도 모르게 낙담과 포기라는 어두운 그림자가 자신의 인생을 뒤 덮어버리고 말 것이라는 불안한 생각이 들었기 때문이다. 어느 정도 회복이 되어 퇴원을 한 그는 다니던 회사를 그만두었다. 그리고는 피 부 손상을 치료하고 망가진 조직을 재생하는 데 효과가 있을 만한 치 료제를 찾아 나섰다. 하지만 5년 동안이나 여러 가지 약과 피부 크림 등을 사용해 보았지만, 그의 피부 후유증은 가시지 않았다. 그러자 이 번에는 주위 사람들이 난리였다. 가족은 물론 친하게 지내던 동료들 을 포함해 수많은 사람들이 그에게 "그냥 이쯤에서 포기하고 의사 처 방에 따라 치료나 받으면서 보상금으로 여생을 편히 보내는 것이 좋을 것 같다"고 말했다. 하지만 그는 절대 포기를 모르는 사람이었다. 무엇 보다도 자신에게 주어진 상처가 자기 자신의 의지를 꺾고 삶의 모습을 바꿔 놓는 것을 용납할 수 없었다. 상처가 없어지지 않는다고 해도 절 대 그에 굴복해 낙담하거나 포기하고 싶지 않았다. 상처와 흉터를 부 정하는 것은 아니었다. 다만, 자신의 삶이 자신의 의지가 아닌 그 상처 와 흉터에 의해 영향을 받는다는 것을 견딜 수 없었다.

그는 자신의 피부를 재생하고 후유증 제거에 도움이 될 만한 크림을 직접 만들기로 했다. 과학자이기는 했지만 피부 관련 분야에 연구 경험이 전혀 없던 그는 하나부터 열까지 모두 새롭게 배우고 익혀야 했다. 그렇게 어느 정도 실력이 쌓이자 그는 자신의 피부 재생을 도와줄 성분들을 합성하기 시작했다. 천연 광물로 시작해 들판에서 자라나는 식물, 바다에서 채취한 해초, 흙 속에 묻힌 뿌리들은 물론, 하늘과 땅의 동물과 그들의 분비물 등 그는 세상의 모든 것들을 다 실험에 사용했다. 그렇게 사용된 성분만 해도 무려 6000여 가지, 기간으로는 12년이 걸렸다.

어느덧 그의 주변에는 그의 그런 고집스런 실험을 말리던 사람들조차도 모두 떠나버리고 아무도 남지 않았다. 그렇게 고독한 실험을 거듭하던 그는 어느 날, 자연 물질을 합성해 만든 크림을 발랐던 상처 부위가 다른 상처 부위에 비해 눈에 띄게 개선된 것을 발견했다. 드디어 자신과 같은 손상된 피부에 확실한 효과가 있는 치료 물질을 발견해낸 것이었다. 휴버 박사는 환호 대신 조용히 눈을 감았다. 그리고 그의 감은 두 눈 사이로 주르륵 눈물이 흘렀다. 박사는 눈물을 닦을 새도 없이 그 크림을 자신의 상처 부위에 고루 펴 발랐다. 그 사이에도 계속해서 눈물이 그의 두 뺨을 적셨다.

다음 날, 자신이 발견한 물질이 손상된 피부에 작용하는 메커니즘과 반응 효과 등을 자료로 정리한 박사는 그 물질을 자신과 같은 피부 손상을 경험한 사람들이 사용하기 쉽도록 화장품 타입의 크림으로 만들기로 했다.

그렇게 해서 탄생한 크림은 박사처럼 심한 상처를 입은 것은 아니지만, 다양한 환경적 요인으로 인한 손상과 피부 트러블 등으로 고생하는 사람들에게 큰 호응을 얻었다. 이후 박사는 연구를 거듭해 심한 피부 손상을 입은 사람들은 물론, 아직 손상을 입지는 않았지만 보다 적극적으로 자신의 피부를 보호하고 싶은 사람들, 그리고 그런 피부 재생과 보호 효과를 활용해 보다 더 아름다워지고 싶은 여성들을 위한 크림을 만들어 냈다. 그 크림들 역시 전 세계의 많은 사람들, 특히 여성들로부터 열광적인 반응을 얻었다.

이상이 지금까지도 피부 보호를 위한 최고의 화장 크림으로 전 세계적인 인기를 끌고 있는 화장품 브랜드 '라 메르'의 탄생과 그 탄생의 주역 맥스 휴버Max Huber 박사의 이야기이다.

누군가에게는 상처와 흉터가 인생 전체를 송두리째 앗아가버릴 충격이지만, 다른 누군가에게는 일생일대의 승부와 새로운 분야의 도전, 그리고 그를 위해 필요한 열정을 불러일으키는 긍정적인 자극임을 보여 주는 드라마틱한 이야기이다.

후회 없는 삶을 위한 메시지

상처는, 말 그대로
'다친 곳'
상처는 오직 다친 곳만을 뜻하는 말입니다.
하지만 우리는 저도 모르게
내 몸에 있는 '다친 곳'을
'다치지 않은' 내 마음으로, 내 인생으로
퍼지게 하는 데
능력을 발휘하고 있는 것은 아닌지.

다시 한 번 말하지만 상처는 '다친 곳'입니다.
그 이상도 그 이하도 아닙니다.
내 몸의 '다친 곳'을 내 마음의 '다친 곳'으로 물들이지 않을 때,
그냥 묵묵히 그 '다친 곳'조차도 내 몸의 일부로
생각할 수 있을 때,
그때 우리가 기다렸던 극적인 일들이 일어납니다.

친구 밑에서
일하기

그와 친구는 한국전쟁이 한창이던 어느 해 고등학교 교실에서 처음 만났다. 친구는 한눈에 보기에도 싸움 꽤나 할 것 같은 모습이었다.

어느 날 친구는 늘 맨 앞자리에 앉아 공부에만 집중하던 그를 불쑥 찾아오더니 "너 공부 좀 하게 생겼다. 내가 이제까지 좀 많이 놀았는데, 오늘 부로 생각을 고쳐먹었다. 대학을 가고 싶거든! 꼭 가야겠으니 나랑 친구하고 내 공부 좀 가르쳐 주라"라고 했다.

그도 평상시 보아 오던 그 친구가 단순히 주먹질이나 하는 불량한 학생이 아니라 꼭 필요한 일, 약한 친구나 후배들을 괴롭히는 못된 학생들을 벌주는 일에 앞장서는 의협심 넘치는 모습이었던 지라 흔쾌히 그러자고 했다. 그렇게 그날로 둘은 친구가 됐다.

두 사람은 방학이 되면 그의 고향집에 가서 함께 먹고 자고 놀며 일손을 도왔고, 시험 때가 되면 함께 서로의 집을 오가며 밤을 새워 공부했다. 결국 두 사람은 연세대학교에 함께 진학했다. 하지만 친구가 될 당시의 모습만큼이나 이후 두 사람의 가는 길은 판이하게 달랐다.

그는 평소의 성격처럼 대학 내내 열심히 공부하고 취업 준비를 착실히 해서 대기업에 입사해 차근차근 일을 배워 나갔다. 워낙에 머리가 명석한데다 꼼꼼함과 근면함까지 갖춘 그는 입사한 지 얼마 안 되어 더 큰 대기업으로 스카우트 됐다. 그리고 그곳에서도 계속해서 승승장구했다. 반면, 친구 역시 한 기업에 입사했다. 하지만 얼마 지나지 않아 퇴직을 준비하기 시작했다. 그의 진짜 꿈은 자신의 이름을 내건 사업을 경영하는 것이었기에 한 회사의 구성원으로서 시키는 일만 하는 것은 성에 차지 않았다.

몇 년이 지난 어느 날, 친구가 그를 찾아왔다. 그리고 자신과 함께 사업을 해보지 않겠느냐고 물었다. 고등학교 2학년, 처음 친구가 될 때의 그때처럼 갑작스러운 일이었다.

친구의 요청에 이번에도 그는 잠시의 머뭇거림도 없이 고개를 끄덕이고는, 다음날로 사표를 내고 친구의 회사로 자리를 옮겼다. 둘 다 나이가 어렸으므로 거래처나 관공서를 드나들 때 사장이라고 하면 얕잡아 보일 수도 있다는 생각에 사장인 친구는 '부장'으로, 부사장격인 그는 '과장'으로 부르기로 했다. 두 사람은 죽이 척척 맞았다. 밤잠도 마다하며 전국 각지를 누볐고, 세계 곳곳에 퍼져 있는 거래처에 오퍼를 넣었다.

문제는 주위의 시선이었다. 특히 그의 주변에서 난리들이었다.

"야, 아무리 그래도 친구 밑에서 일하려면 배알이 꼬이는 일이 많을 텐데 어쩌려고 그러냐?"

"네가 학교 다닐 때 걔보다 공부도 잘했잖아. 근데 왜 그 밑에 들어가서 사장님으로 모시고 살려는 거냐?"

"좋을 때야 친구가 좋지만, 나중에 사업이 잘 안 되기라도 하면 서로 얼굴 붉힐 일이 많을 질 텐데, 왜 사서 고생을 하려고 하는지 모르겠다."

하지만 그는 그런 소리쯤은 귓전으로 흘려버리고 '친구사장'님과 함께 대한민국은 물론 전 세계를 누볐다. 친구는 공적인 석상에서는 그를 직함으로 대했고, 그 역시 깍듯하게 친구를 사장님으로 모셨다. 둘은 서로에 대한 지극한 배려가 있었고, 일에 대한 강렬한 욕심도 비슷했으며, 함께 꼭 이루고픈 목표와 비전도 분명했다. 그렇기에 친구 사이에 사장과 부사장으로 지내는 것쯤 다른 일반인들의 우려와 달리 전혀 문제될 것이 없었다.

그들은 마치 일과 결혼한 사람들처럼 미친 듯이 일했다. 시간 가는 줄 모르고 일하다가, 당시 12시면 시작되는 통행금지에 걸려 파출소 의자에서 자고 다시 출근한 적이 셀 수도 없었고, 일주일 넘게 밤을 새워 일하다가 그대로 책상 위에 쓰러지듯 잠들어버린 적도 허다했다. 결국 그들은 단돈 500만 원으로 시작한 회사를 국내 굴지의 재벌 그룹으로 성장시켰다.

그의 이름은 이우복.

1967년 친구가 사장인 한성실업에 입사해 그 회사를 ㈜대우로 발전시키고 대우실업 사장, 대우그룹 부회장, 신성통상 회장을 역임한 '대우의 안살림꾼' '기업 관리의 귀재' 이우복 회장이 바로 그다. 그리고 그가 '모시고' 신화를 만들어 낸 그의 친구는 예상하는 대로 대우그룹의 창업주 '세계 경영의 창시자' 김우중 회장이었다.

동기를 상사로 모실 수 없다는 사람들이 있습니다.
더럽고 치사해서 자신보다 어린 사람을
모실 수 없다는 사람도 있습니다.
심지어 여자는 절대 상사로 모실 수 없다는 남자들도 있습니다.

상사는 나에게 명령과 지시를 내리거나
때로는 나와 함께 파트너가 되어 성과를 내거나
때로는 나의 고충을 들어 주고 해결해 주며
나와 함께 성공을 향해 달려가는 든든한 동반자입니다.

나이가 동갑이거나 또는 더 어리다고
혹은 여자라고 해서 상사로 모시기 불편하다면
당신은 다른 사람보다 많아 봐야 3분의 1 이내의 사람들 중에
동반자를 찾아야만 합니다.

눈을 크게 뜨고 마음을 좀 달리 먹은 사람들이
훨씬 더 쉽게 그런 동반자를 찾아낼 때 말이죠.

2

'불필요'한 것들에서 보석을 발견하다

모두에게 가치 없다 버림받은 것조차
아껴 살펴 가슴에 품은 그때,
당신의 삶이 바뀐다.

모르는 사람에게
최선을 다하기

내 주변의 아는 이, 사랑하는 이에게 최선을 다한다는 것은 상상하는 것보다 훨씬 힘든 일이다. 그런데 모르는 이에게 최선을 다한다는 것, 그것이 과연 가능한 일일까?

오래전, 인도로 여행을 떠난 적이 있었다.

그 무렵 나는 남은 대학 생활을 어떻게 보내야 할지, 군대는 언제 가야 할지, 앞으로의 인생은 어떻게 살아야 할지 등등에 대한 걱정으로, 말 그대로 '고민하는 젊음' 그 자체였다. 게다가 가장 믿었던 친구로부터 배신 아닌 배신까지 당했던 터라 그동안의 고민에다가 사람에 대한 실망과 앞으로의 인간관계에 대한 고민까지 더해졌다. 항공기 수화물 한도에 정확히 500g 못 미칠 정도로 무겁게 꾸린 여행가방보다 수십 배는 더 나가는 생각의 무게를 함께 짊어지고 떠난 인도 여행이었다.

목적지는 당시 최고의 베스트셀러였던 『배꼽』의 저자인 오쇼 라즈니쉬가 세웠다는 명상 센터의 일종인 '라즈니쉬 아슈람^{Rajneesh Ashram}'이었다.

하지만 '깨달음의 땅'이라 칭송받는 인도에만 도착하면 그간 쌓였던 일상의 고민들이 모두 사라지고 다른 사람으로부터 받았던 상처들도 싹 치유될 것이라고 믿었던 나의 기대는 정말로 한낱 기대에 지나지 않았다. 그곳 또한 그저 사람 사는 동네였다. 특히 아슈람 내부와 주변 지역의 엄청나게 비싼 물가는 인도 경제 수준에 맞춰 여비를 준비한 나에게는 그야말로 살인적인 수준이었다. 결국 처음 묵었던 호텔에서 짐을 빼 인근 지역에서 가장 싼 게스트 하우스로 옮겼다.

그런데 문제는 이 게스트 하우스의 위치와 시설물 수준이었다. 어차피 싼값에 여러 날 묵으려고 잡은 곳이니만큼 큰 기대는 하지 않았지만, 길거리에서 호객해 나를 이 게스트 하우스로 안내한 '아난드'라는 청년의 말과는 달라도 너무 달랐다. 방에는 에어컨도 없었고, 욕실도 모두가 공동으로 사용하는 것 하나, 그나마 샤워기도 두 개 중 하나는 고장이 나 있었다. 침대는 얼마나 오랜 세월 사용했는지 군데군데 스프링이 매트리스 커버 밖으로 삐쳐 나와 있었고, 누워서 한번 몸을 뒤척일 때마다 '신이 세상을 다 무너뜨렸다가 다시 짓는 듯'한 소음이 들렸다. 나는 조용히 내려놓았던 가방을 다시 들었다. 그러자 나를 끌고 온 아난드의 얼굴이 낭패라는 표정으로 역력했다.

나 역시 이런 엉망인 곳을 그럴 듯하게 포장해 방값을 받으려고 했던 그에게 화가 나 있었다. 그런데 그런 상황에서 나온 그의 제안은 엉뚱했다. 처음 3일치 방값을 안 받겠다는 것이었다. 3일을 묵은 뒤 마음에 안 들면 그때 숙소를 옮겨도 좋고, 마음에 들면 4일째부터 방값을 치르고 더 묵으라는 것이었다.

가뜩이나 빠듯한 경비로 돌아다니던 내게 솔깃한 제안이 아닐 수 없었다. 어차피 이곳 뿌나Pune에는 일주일 정도 더 있을 예정이었으므로 그의 제안대로라면 4일 방값으로 일주일을 묵을 수 있었다. 반대의 경우 진짜로 방이 마음에 안 들어 옮기게 된다고 하더라도 다른 곳으로 옮겨 4일치 방값을 내고 묵으면 되는 것이었다. '나중에 맘에 안 들어 숙소를 옮기려 할 때, 그런 법이 어디 있느냐며 방값을 요구하면 어쩌지? 하는 염려는 할 필요가 없었다. 이미 인도 여행 두 달째를 넘어서고 있던 내게 그런 일은 일상처럼 일어났고, 그럴 때 어떻게 대처해야 하는지도 어느 정도 꿰고 있었다.

"오케이, 아난드. 그럼 일단 3일만 묵어 볼게요."

"오케이, 오케이, 굿 굿! 미스터 신, 분명히 마음에 들 거예요."

불행하게도 예상했던 대로 그날 저녁부터 그곳은 마음에 들지 않았다. 저녁이 되자 갑작스럽게 창 아래로 시장이 생겼다가 사라지지를 않나, 닭을 키우는지 어디선가 동물 분뇨 냄새가 나더니, 새벽에는 채 4시가 되기도 전에 그 닭들이 한 시간도 넘게 울어 대기 시작했다. 에

어컨 대신 천장 위에 달린 선풍기는 바람을 내기 위한 도구인지 소음을 내기 위한 도구인지 헷갈릴 정도로 삐걱거리며 천천히 돌았고, 가장 문제가 될 것으로 예상했던 침대는 기대를 저버리지 않고 최악의 안락함을 제공해 주었다.

'그래, 이틀만 더 있자. 공짜로 잠자리가 생긴 게 어디야?'

이를 악물고 밤을 보내고 난 아침, 방문을 열고 나서는데 누군가 문앞에 서 있었다. 아난드였다. 안 그래도 뻐근한 몸 상태에서 그의 얼굴을 보자 기분이 확 나빠졌다.

'내가 짐이라도 싸서 도망갈까 봐 문 앞에서 지키고 서 있었던 거야?'

아는 척도 안 하고 공동 샤워장으로 가려는데 그가 내 앞에 무언가를 내밀었다. 하얀 달걀 두 알이었다.

"미스터 신, 우리 닭이 나은 거예요. 우리 가족은 모두 채식주의자라 먹을 사람이 없어서 갖고 왔어요. 신은 달걀 먹죠?"

막 낳은 걸 가져왔는지 달걀은 아직도 따뜻했다. 이걸 받아도 되는지 마는지 고민하고 있는데, 그는 냅다 내 손에 달걀을 쥐어 주고는 계단을 내려갔다. 그런 식이었다. "이곳(라즈니쉬 아슈람)은 물가만 보면 인도가 아니라 뉴욕이나 도쿄쯤 되는 것 같다"는 나의 푸념을 듣고서는 점심 때 먹으라며 양은 도시락에 짜파티와 커리 그리고 사브지(야채 혹은 야채로 만든 음식)를 듬뿍 싸주었다. 저녁에는 버스가 다니는 큰길까지 마중을 나와 있었다. 첫날 저녁에는 혹시나 내가 돌아오지 않고 다른 곳으로 숙소를 옮겨버렸을까 봐 지키고 선 것 같아서 기분이 나빴지만, 생각해 보니 여권과 신용카드 복사도 해놨겠다, 방안에 두고 온 내 짐만 해도 숙박비는 물론 그 게스트 하우스 정도의 수준이라면 방 한 칸쯤은 너끈히 사고도 남을 정도였으니, 그는 정말로 나를 마중 나 왔던 것이다. 인간 그 자체로의 나를.

다음 날도 마찬가지였다.

그는 새벽 일찍 숙소를 나서는 나를 배웅하기 위해 새벽같이 일어나 빗자루로 현관문 앞을 쓸고 물을 뿌려 먼지가 나지 않게 했으며 역시 손에는 달걀 두 알을 쥐고 있었다. 저녁이면 어김없이 숙소에서 꽤 먼 버스 정류장까지 마중을 나왔다. 시내임에도 불구하고 내 어린 시절 명절 때면 들렀던 시골 마을보다 훨씬 더 좁고 불빛도 흐릿한 길을 걸 으며 우리는 이런저런 이야기를 나눴다.

결국 나는 딱 3일만 머물고 다른 곳으로 옮기겠다는 '굳은 결심(?)' 을 접고 일주일을 넘어 열흘간이나 그의 '다 쓰러져가는' 게스트 하우 스에서 묵었다. 아침마다 그가 가져다 준 계란을 먹고, 점심에는 그와 함께 현지인들처럼 손으로 짜파티를 뜯어 커리를 듬뿍 찍어 입 주변에 가득 묻혀 가며 먹었다. 그리고 저녁이 되면 차이를 마시며 창 아래 펼 쳐지는 반짝 시장을 구경했다.

5일째 되는 날부터는 아예 아슈람에도 가지 않았다. 대신 아난드와 함께 그 동네 이곳저곳을 구경했다. 빨래터도 가고, 강가에 있는 화장 터에도 갔다. 아슈람의 정해진 명상 프로그램에 참가하는 것보다 훨씬 더 많은 생각을 할 수 있었다. 머릿속에 복잡하게 꼬여 있던 상념들을 모두 해결하지는 못했지만, 최소한 어느 곳에 그 실마리의 끄트머리가 숨어 있고, 또 그것을 잡아내려면 어찌해야 하는지가 어렴풋하게 보이기 시작했다.

더 있고 싶었지만 비행기 일정 탓에 드디어 그곳을 떠나야 할 날이 다가왔다.

떠나기 전날, 역시 창 아래로 시끌벅적한 시장이 열리기 시작하자 아난드와 난 차이 한 잔씩을 사 들고 2층 테라스로 가서 물라_{Mula} 강 서편 너머로 발갛게 지는 해를 구경했다. 그 모습을 보며 내가 물었다.

"그런데 너는 나한테 왜 이렇게 잘 대해 주는 거지? 그래 봐야 난 떠나면 그만인 뜨내기 외국 여행객이잖아?"

그러자 그가 아무렇지도 않게 답했다.

"전생에 내가 너를 죽였을 거야."

난 놀라서 되물었다.

"나를?"

"응. 전생에 내가 악한 마음으로 너를 억울하게 죽였을 거야. 하지만 다행인 건 이제라도 신이 너를 내게 보내 그 마음의 짐을 조금이라도 덜 수 있는 기회를 준 거지. 왜냐하면 나는 날마다 기도를 열심히 하니까."

인도인도 아니고 '윤회설'을 믿지도 않는 나로서는 이해하기 어려운 이야기였다. 하지만 그는 끝까지 신이 나를 자신에게 보냈다는 주장을 굽히지 않았다. 결국 난 "생각해 보니 이곳으로 꼭 가라는 목소리를 꿈속에서 들은 것 같기도 하다"는 얼토당토않은 이야기로 맞장구를 쳐주았던 것 같다.

다음 날, 결국 떠날 시간이 됐다.

나는 진작부터 생각해 왔던 대로, 내가 묵었던 열흘 치 방값에 그의 호의에 대한 감사의 마음을 담은 약간의 팁까지 얹은 돈을 그에게 내밀었다. 하지만 그는 펄쩍 뛰며 아예 한 푼도 받지 않겠다고 버텼다.

친구에게 숙박료를 받을 수는 없다는 것이었다. "그러면 내가 한 발 물러나서 네가 말한 대로 3일 치 방값을 제외한 일주일 치를 내겠다"고 해도 그 역시 받지 않겠다고 완강하게 버텼다.

결국 원래 묵기로 했던 일주일에서 약속한 첫 3일 치 방값을 뺀 4일 치만 억지로 그의 주머니에 완력으로 꽂아 넣다시피 하고 게스트 하우스를 빠져나올 수 있었다.

그는 떠나는 나에게 앞으로의 여정이 순탄하기를 빈다며 화려한 색색의 꽃들로 장식된 목걸이를 걸어 주고는 두 손을 모았다.

"다음 생에 또다시 오시오, 친구여. 그리고 그때 방값은 당신의 우정으로 족하니 아예 지갑일랑 가져오지 마시오."

영원히 멈추지 않을 것처럼 손을 흔드는 그를 뒤로 하고 버스를 탄 내 눈에 눈물이 살짝 고였던가. 독하게 마음먹고 인도로 온 이후 단 한 번도 흘리지 않았던 눈물이었다.

열 시간 정도의 긴 비행 후 나는 현실의 한국으로 돌아왔다.

그리고 며칠 지나지 않아 개학을 맞은 학교 교정에서 나를 인도로 보낸 몇 가지 이유 중 하나였던 바로 그 친구를 만났다. 가까운 사람일수록 더 큰 배신감과 실망을 안겨 줄 수 있다는 사실을 일깨워 준 친구. 인도로 떠나기 전 그가 나에게 저질렀던 일이 떠올라 당장이라도 주먹을 날릴까 했지만, 순간 드라마가 시작됐다.

'전생에 내가 너를 죽였을 거야.'

어디선가 아난드의 목소리가 들려 왔다.

확실하지는 않았지만 분명히 들리는 듯했다. 반대편에서 걸어오던 친구도 복잡한 표정의 나를 발견하고는 아는 체를 해야 하나 어쩌나 고민하는 듯했다. 하지만 어색한 시간은 그리 길지 않았다. 전생에 내가 죽인 친구에게 속죄를 할 기회를 신이 주셨는데, 그런 절호의 찬스를 어찌 그냥 놓칠 수 있단 말인가? 나는 먼저 다가가 "오랜만이다!"라며 손을 내밀었다. 그리고는 얼떨떨한 표정으로 마지못해 뻗은 내 손을 맞잡은 친구에게 조용히 속삭였다.

"용서해 줘서 고맙다. 전생에 내가 너를 죽였을 거야."

더더욱 영문을 모르겠다는 표정을 하는 친구에게 나는 싱긋 웃어 보이고는 여행 선물이라며 차고 있던 나무로 만든 팔찌를 풀어 그의 손목에 채워 주었다. 매일 저녁 갑작스럽게 생겼다가 역시 갑작스럽게 사라지던 인도의 창문 아래 시장에서 2루피를 주고 산 팔찌였다. 그렇게 아난드로부터 시작된 드라마는 나에게서 그 대단원의 막을 내렸다.

그때 어디선가 아난드가 싸주었던 도시락의 커리 향과 둘이 함께 나눠 마시던 차이 향이 날아와 내게로 전해지는 것만 같았다.

일요일 아침.

예배, 예불, 미사를 드리러

교회, 절, 성당에 갔을 때

당신에게 도움을 청하는 거지를 만나거나

당신의 화를 돋우는 교인을 만나거나

당신에게 무례하게 대하는 행인을 만났다면

그에게 당신의 최선을 보여 주세요.

아마도

그는 당신의 신이 당신에게 보낸 그 자신이거나

당신이 그토록 보고 싶었던 당신 자아의 화신일 것입니다.

생계와 관계없는
고민해 보기

"씩, 씩, 씩, 씩!"

야마우치 사장은 분을 참을 수 없었다.

'인생 모두를 걸고 도전해 볼 만한 분야라고 생각하고 전 재산을 털어 넣은 회사인데…… 거기에 어렵게 비용을 마련해서 세계 최고의 기술을 배우려고 미국까지 다녀왔는데……'

아무리 생각해 봐도 너무 허탈하고 어이가 없어 자꾸만 짜증이 났다. 대학 시절부터 신사다운 외모와 부드러운 웃음으로 여학생들 사이에서 인기가 많았던 '히로시 군'의 모습은 그 어디에서도 찾아볼 수 없었다. 그만큼 그는 낙담했고 또 누구에겐지 모를 분노에 사로잡혀 있었다.

야마우치 히로시山內博 사장.

그가 이처럼 수시로 치밀어 오르는 분을 못 참고 짜증을 내기 시작한 것은 얼마 전 다녀 온 미국 출장 이후부터였다.

야마우치 사장의 원래 꿈은 법관이 되는 것이었다. 그래서 대학도 명문인 와세다 대학 법학부에 진학했다. 하지만 대학에 재학 중이던 1949년 어느 날 전통 화투를 만드는 회사를 운영하던 할아버지 야마우치 세키료우山內積良 사장이 병환으로 세상을 떠나자 집안 어른들의 뜻에 따라 그는 학교를 그만두고 회사를 물려받게 됐다.

회사를 물려받은 야마우치 히로시 사장은 어릴 때부터 화투 만드는 기술밖에 모르고 살아온 선대 사장들과는 달리 '성인 게임용 카드'의 세계 시장을 제패하겠다는 원대한 꿈을 품고 여러 가지 변화를 모색했다.

그리고 그로부터 10년이 지난 1958년 어느 날, 야마우치 사장은 일본을 넘어 세계 최고의 성인 게임용 카드 회사가 되겠다는 일념으로 비싼 비행기 표를 끊고 바쁜 일정을 쪼개 미국에 있는 세계 최대의 트럼프 제작업체를 방문했다. 당시 이미 미국은 세계 최고의 강대국이 되어 있었고, 특히 제2차 세계대전 패전국인 일본의 국민으로서 야마우치 사장에게는 승전국인 미국이 더욱더 커 보일 수밖에 없었다. 그런 미국을 싹쓸이 하고 더 나아가 세계에서도 1위라는 업체를 직접 두 눈으로 볼 수 있으리라는 생각에 그의 가슴은 부풀었다.

'짧은 시간이지만 그들의 노하우를 모조리 배워서 머지않아 반드시 우리가 세계 1위를 차지하고 말리라!'

그는 미국으로 가는 비행기 안에서 다짐하고 또 다짐했다.

하지만 그가 방문한 세계 최대의 트럼프 제작업체였던 '유에스플레잉The US Playing Card Company'은 말 그대로 구멍가게에 지나지 않았다. 2층짜리 야트막한 건물에 수십 명 정도의 늙수그레한 중년과 노년의 남자들이 모여 앉아서, 다 낡아빠진 구식 기계를 가지고 각종 트럼프 카드를 만들어 내고 있었다.

야마우치 사장은 낙담했다.

단지 시설이 초라하고 설비가 낡아서 그토록 마음이 상했던 것은 아니었다. 카드를 만드는 직원들의 모습 어디에서고 세계 1위 업체라는 자부심도, 일에 대한 애정과 열정도 느낄 수 없었다. 그들이 만약 엄청난 규모에 최첨단 시설을 갖추고 치열하게 새로운 제품을 개발하며 생산에 매진하는 모습을 보여 주었더라면 그는 낙담하지 않았을 것이다. 지금은 비록 엄청난 격차를 보이더라도 이 회사만 넘어서면 세계 최고가 될 수 있을 거라는 생각이 그에게 승부욕과 넘치는 열정을 선사해 주었을 것이다. 하지만 세계 1위 트럼프 제작업체라는 유에스플레잉 본사에서는 세계 1위다운 그 어떤 모습도 찾아볼 수 없었다. 자신의 회사를 세계 1위로 만들어 이미 법관이 되어 목에 힘주며 살고 있는 와세다 법대 동기들 앞에 화려하게 등장하리라던 계획도 모두 다 틀어져 버렸다.

그는 어깨가 축 늘어진 채 일본으로 돌아왔다. 아무런 의욕도 열정도 생겨나지 않았다. 엎친 데 덮친 격으로 돌아와서 출시한 신제품과 새롭게 벌린 신규 사업은 하나같이 모두 흐지부지 되고 말았다.

욕심을 부려 공장 설비를 늘리고 인력도 뽑아 놓았지만, 이대로라면 선대 조상부터 어렵게 일궈온 사업이 히로시 사장 대에서 끝나버릴 게 분명해 보였다.

그 무렵 그에게는 아무런 희망이 없었다.

같은 시기, 히로시 사장의 회사에는 요코이 군페이橫井軍平라는 사내가 근무하고 있었다. 그는 교토에서 태어나 대학에서 전기공학을 전공한 뒤 히로시 사장의 회사에 입사한 지 이제 갓 1년밖에 안 된 신입사원이었다.

요코이는 당시 화투를 찍어 내는 기계 설비의 보수와 점검을 맡은 종합관리정비부에 근무하고 있었다. 하지만 화투의 생산량이 급감하고서부터 기계는 움직이는 날보다는 멈춰 서 있는 날이 더 많았다. 당연히 기계를 손질하는 업무를 담당하던 요코이의 일 역시 줄었다. 다른 동료들은 공장 한쪽 구석에서 낮잠을 자거나 팔리지 않아 창고에 가득 쌓여 있는 화투를 가져다 심심풀이 노름을 하는 것이 하루 일과였다.

하지만 그는 달랐다. 비록 돈도 안 되고 자신이 해야 할 일도 아니었지만 계속해서 무언가를 만들어 냈다. 그렇다고 해서 거창한 것을 만든 것은 아니었다. 어차피 화투라는 것이 성인들의 장난감인 만큼 화투 말고 어른들이 가지고 놀 만한 다른 장난감이 없을까 고민했다. 그러다가 어른들에게는 별 인기가 없겠지만 어린 아이들이라면 분명 좋아할 법한 장난감들이 떠올랐다.

그런 고민을 통해 그가 만들어 낸 첫 번째 작품은 지그재그로 엇갈린 자바라じゃばら 끝에 복싱 글러브 모양의 주먹을 매단 장난감이었다. 손잡이를 양손으로 잡고 힘을 주어 오므리면 자바라가 쫙 펴지면서 웅크려져 있던 주먹이 앞으로 쭉 뻗어 나가는 형태의 물건이었다. 버려진 기구들을 가지고 그런 장난감을 만드는 것을 보며 동료들은 쓸데없는 짓 하지 말라며 타박했지만, 그는 개의치 않고 장난감이 더 가볍고 잘 움직일 수 있도록 손질을 계속했다.

그러던 어느 날, 그는 자신의 '작품'을 동료들 앞에 선보이며 득의양양해 하고 있었다. 그때였다. 함께 낄낄 거리며 요코이가 만든 장난감을 구경하던 동료들의 얼굴이 갑자기 바싹 굳어버렸다. 요코이는 그런 동료들의 반응 따윈 아랑곳하지 않고 자신이 만든 장난감 주먹을 이 사람 저 사람의 얼굴 앞으로 쭉쭉 뻗어 보이며 호탕하게 웃었다. 보다 못한 동료 한 명이 그의 어깨를 두드리며 뒤를 돌아보라고 했다. 여전히 장난감을 갖고 놀며 요코이는 동료가 가리키는 뒤편을 바라보았다. 그곳에는 평상시 얼굴도 제대로 바라보기 힘들었던 야마우치 사장이 그를 노려보고 서 있었다. 순간 요코이는 손에 들고 있던 장난감을 그대로 땅바닥에 떨어뜨리고 말았다.

'이런…… 가뜩이나 회사 형편도 어려운데, 난 오늘 부로 해고다.'

요코이는 고개를 떨궜다.

하지만 야마우치 사장은 별 말이 없었다. 일할 시간에 이게 뭐 하는 짓이냐고 질책도 하지 않았다. 회사 비품을 가지고 이런 쓸데없는 물건을 만들었느냐며 따져 묻지도 않았다. 그저 요코이가 놀라서 떨어뜨린 장난감을 물끄러미 바라볼 뿐이었다. 한참을 그러고 서 있더니 야마우치 사장은 요코이에게 단 한마디만을 남기고 자신의 사무실로 돌아갔다.

"자네, 내일 아침에 저걸 들고 내 방으로 좀 오게."

다음 날, 요코이는 말끔하게 옷을 차려 입고 야마우치 사장의 방문을 두드렸다. 어쩌면 아니 당연히 오늘 부로 사표를 쓰게 될 것이고, 그렇게 되면 그간 정들었던 동료들에게 작별인사를 해야 했기에 챙겨 입은 것이었다. 하지만 문을 열고 들어간 사장실 안에는 퇴직 처리를 할 인사부장이 아니라 회사의 돈줄을 관리하는 회계부장이 함께 있었다. 사장실 안에 들어 선 뒤에도 어쩔 줄 몰라 하며 서 있는 요코이를 야마우치 사장은 마치 귀한 손님이라도 맞이하듯 밝은 얼굴로 환대했다. 요코이는 도대체 어찌된 영문인지 몰라 한 손에 그 문제의 장난감을 든 채로 멍하니 서 있었다. 그러자 야마우치 사장이 회계부장에게 지시를 내렸다.

"이봐요, 회계부장. 난 저 친구 손에 들려 있는 저 장난감을 새로운 어린이 대상 제품으로 출시할 계획입니다. 그리고 그 프로젝트를 저 친구에게 맡길 예정이에요. 당신은 프로젝트가 빠른 시일 내에 좋은 결과를 낼 수 있도록 개발비를 넉넉하게 지원해 주세요."

그것으로 끝이었다. 요코이는 사표를 쓰는 것이 아니라 오히려 새롭게 생긴 프로젝트의 책임자가 됐다. 그는 사장실을 나오자마자 다리에 힘이 풀려 그 자리에 주저앉고 말았다. 마치 사장이 자신을 놀리는 것만 같았다. 어쩌면 꿈인 듯도 싶었다. 아니면 사장이 워낙 사업이 안 되다 보니 정신이 어떻게 되었는지 모른다는 생각도 들었다. 그런 생각에 빠져 있다가 그는 여전히 자신의 오른 손에 쥐어져 있는 장난감 주먹을 바라보았다.

어쩌면 사장이 회사를 살릴 만한 무언가를 자신의 손에 든 이 장난감 주먹에서 보았는지도 모른다는 생각이 들자 그는 자리에서 벌떡 일어났다. 그리고 그 길로 공장으로 내려가 작업복으로 갈아입고는 자신을 위해 급히 마련된 개발실에 틀어박혀 장난감 주먹의 상품화를 위한 연구에 몰두했다.

그리고 얼마 지나지 않아 그가 가지고 놀던 투박한 장난감은 사출 플라스틱으로 정교하게 제작되어 고급 장난감으로 재탄생했다. 제품에는 '울트라 핸즈'라는 제법 거창한 이름이 붙었다. 막 완성된 제품을 본 야마우치 사장은 어려운 회사 형편에도 불구하고 곧 다가올 크리스마스 시즌을 대비해 대대적인 TV 광고를 지시했다. 그에 부응이라도 하듯, 울트라 핸즈는 짧은 시간에 120만 개라는 어마어마한 수의 제품이 팔리면서 회사 부활의 신호탄이 됐다. 야마우치 사장은 아예 그에게 연구개발부 1팀의 팀장직을 맡겼다. 연구개발부 1팀은 회사 내 유일하게 사장을 제외한 다른 어떤 경영진으로부터의 간섭도 받지 않는 독립적인 부서였다. 연구개발부 1팀장이 된 요코이는 그야말로 날개를 단 것처럼 펄펄 날았다.

평상시 남들이 버린 물건이나 고장 난 기계 설비 등을 가지고 이리저리 주물러서 금방 근사한 물건들을 만들어 내던 그의 아이디어와 손재주는 단기간에 수많은 히트 상품을 탄생시켰다.

그렇게 생계와 관련 없는 엉뚱한 분야의 엉뚱한 생각에 빠져 살던 그와 그의 팀의 손에서 지금은 신화가 된 게임기인 '겜보이Gamboy'가 탄생했다. 겜보이는 등장하자마자 시장을 한바탕 발칵 뒤집어 놓았다. 그저 잘 팔린 정도가 아니었다. 부모들은 자녀들과 대화를 하기 위해 이 게임기를 사야 했고, 학교에서는 이 게임기 때문에 수업이 제대로 진행되지 않는다며 특단의 조치를 취해야 한다는 교사들의 원성이 자자했다. 제품이 너무 잘 팔리다 보니 내부에 들어가는 부품들까지 품귀 현상이 빚어져 전체 산업 구조와 원자재 공급 체계에 큰 변화가 일어났다. 언론에서는 연일 이 제품이 몰고 온 다양한 사회적 변화에 대해 심층 보도했고, 그런 열풍은 일본 국내를 넘어 전 세계로 퍼져 나갔다.

삶에 대한 유쾌한 상상력을 바탕으로 남들이 불필요하다는 것에 대해 조금은 엉뚱하지만 다채로운 고민을 했던 그들은 겜보이 이후에도 시장을 열광시키는 다양한 즐거움을 창조해 냈고, 그런 성공을 바탕으로 그들은 일본식 화투나 만들던 '임천당任天堂'에서 전 세계 어린이들의 친구이자, 어른들까지 펜으로 거느린 최고의 비디오게임 기업인 '닌텐도Nintendo'로 드라마틱하게 거듭날 수 있었다.

경영학 이론 중에
'Garbage Can Model'이라는 것이 있습니다.
모두가 버린 물건, 정보 등이
쓰레기통 Garage Can 안에서 우연히 한데 뭉쳐
상호작용을 통해
엄청난 가치를 지닌 새로운 물건 또는 정보로
거듭난다는 이론입니다.

'그런 우연이 얼마나 있겠냐'고요?

주변을 살펴보세요.
지금도 제법 자주 그런 일이 일어나고 있습니다.
그래서
우리 삶이 참 드라마틱하다는 것입니다.

상관없는 분야에서
최고 되기

"야, 뭐하고 있나?"

말과 동시에 뒤통수에 주먹이 날아들었다.

"넌, 하라는 일은 않고 왜 창밖만 멍하니 보고 있는 거야?"

평상시에도 입이 걸기로 유명했던 고참이었다. 권 순경은 갑작스럽
게 뒤통수를 맞고는 부아가 치밀었지만 다시 고개를 돌려 창밖을 바라
보았다. 뒤통수를 때렸던 고참도 도대체 뭐가 있기에 그렇게 골똘히
창밖을 쳐다보나 싶어 함께 밖을 내다보았다.

"뭘 보나 했더니, 슈뽀이들 아냐?"

경찰서 창밖으로 구두닦이 가방을 매고 용산 미군기지 방향으로 걸

어가는 수십 명의 소년들이 보였다. 아마도 청계천변 다리 밑 어딘가에서 거적을 덮고 잔 뒤 아침이 되자 일거리가 있는 미군 부대로 '출근'을 하는 구두닦이들인 것 같았다. 일명 '슈사인 보이'와 부대의 잡일을 거드는 '하우스 보이'들일 것이다.

많아 봐야 열대여섯 살, 적으면 열 살을 겨우 넘겼을까 싶은 소년들이 그 또래 특유의 쾌활한 표정으로 서로 밀치고 당기는 장난을 치며 왁자지껄하게 걸어갔다. 하지만 꼬질꼬질한 차림을 한 그들의 양 어깨 위에 올라앉은 절망의 그림자는 애쓰지 않아도 눈에 확연히 들어왔다.

"야! 창밖이나 내다보면서 쓸데없는 생각하지 말고 일이나 해!"

고참은 다시 한 번 그의 뒤통수를 있는 힘껏 쥐어박은 뒤 자신의 자리로 돌아갔다.

권응팔.

그는 평안북도 선천이란 곳에서 태어나 월남한 실향민이었다. 그 또래 실향민들 대부분이 그렇듯이 손에 쥔 것이라고는 아무것도 없었지만, 강한 정신력과 부지런한 성격을 바탕으로 중부 경찰서 보안계 순경으로 열심히 근무하고 있는 건실한 청년이었다.

한국전쟁이 발발한 후 초기의 격렬한 전투 대신 전방 전선에서 밀고 밀리는 지루한 공방전을 거듭하던 1952년 초 무렵. 서울의 거리는 수많은 전쟁고아들이 하루를 연명하기 위해 당연히 가야 할 학교 대신 미군 부대로, 군수 공장으로, 그도 아니면 구걸을 위해 몰려나오고 있었다. 그날 그가 본 소년들 역시 당시 서울에서는 흔하게 볼 수 있던,

미군 부대에서 군화를 닦거나 허드렛일을 돕고 부대에서 남은 음식이나 동전 몇 푼을 받아 하루하루를 살아가는 슈사인 보이들과 하우스 보이들이었다.

함께 일하는 수많은 경찰관들은 창밖으로 지나가는 소년들에게 별 관심을 보이지 않았지만 권웅팔 순경만은 달랐다. 미래에 대한 아무런 희망도 없이 그날 하루만을 바라보며 힘겹게 살아가는 소년들에게 꿈을 심어 주고 싶었다. 하지만 그의 사정 역시 그 소년들과 별반 다를 것이 없었다. 경찰이라는 번듯한 직장도 있고 몸을 누일 집도 있었지만, 식민지 지배에서 벗어난 지 채 5년도 지나지 않아 전쟁으로 모든 것이 무너지고 파괴되어버린 당시의 대한민국 서울에서 말단 경찰관의 힘으로 할 수 있는 것은 아무것도 없었다.

모두가 다 그렇게 생각했다.

하지만 그는 마음을 고쳐먹었다. 모두가 한사코 말리며 네 앞가림이나 잘하라거나 경찰 일이나 똑바로 하라며 비웃었지만 그는 무너지지 않았다. 그는 고아 소년들을 불쌍한 눈으로 바라보며 그들에게 동정심이나 갖는 소극적인 방법 대신 평상시의 그다운 선택을 했다.

그는 경찰서 밖으로 뛰쳐나가 소년들을 불러 모았다. 그리고는 북한군의 폭격으로 폐허가 된 옛 중앙우체국 터로 데리고 갔다. 중앙우체국은 그 이름에 걸맞지 않게 오래도록 계속되고 있는 전쟁의 상흔으로 건물의 잔해만이 덩그러니 남아 있었다. 그나마 다행인 것은 칠판을 걸 만한 벽도 있었고 군데군데 구멍이 나긴 했지만 비바람을 막아 줄

지붕도 있었다. 그는 그곳에 전쟁고아 소년들을 위한 학교를 열었다.

학교 이름은 '직업소년학교'였다.

최소한의 배움을 통해 글이라도 깨우치고, 미군 부대 급사가 아닌 조금이라도 멀쩡한 직업을 가질 수 있도록 가르쳐서 번듯한 사회인으로 키워 내자는 것이 그의 목표였다. 다행히 피난을 갔다가 돌아온 고등학생과 대학생들이 기꺼이 이들의 교사가 되어 주었다.

학교는 나날이 그 규모가 커졌다. 인근에서 소문을 들은 슈사인 보이와 하우스 보이들이 자신들에게도 공부를 가르쳐 달라며 학교로 몰려들어 학급 수를 늘려야만 했다. 도중에 전후 복구를 위해 중앙우체국 건물을 헐고 새로운 건물을 짓게 되어 하루아침에 교실을 비워 주고 쫓겨날 지경에 처하기도 했다. 하지만 그들은 남산 왜성대倭城臺에 위치한 구 주한일본공사관 터에 천막을 치고 수업을 계속했다.

그동안 권응팔 순경은 경사로 진급했고 직업소년학교도 수십 명의 졸업생을 배출했다. 하지만 그는 그것으로 만족하지 않았다. 자신의 일은 아니었지만 교육이라는 분야에 관심을 갖다 보니 해야 할 것들, 할 수 있는 것들이 한두 가지가 아니었다. 생각이 거기까지 미친 권응팔은 사비를 털어 교육에 관한 책들을 사서 읽거나 주변의 교육계 원로들에게 자문을 구하기도 했다. 뿐만 아니라 우리보다 교육 체계와 시스템이 앞서 있는 구미 각국의 교육 프로그램과 제도 등에 대한 연구도 게을리 하지 않았다. 그런 노력 끝에 나온 결론은, 전문 직업을 가르치는 기술학교만큼이나 사회의 발전을 이끌 수 있는 엘리트들을 교육시킬 수 있는 수준 높은 사립교육기관도 필요하다는 것이었다. 구미 선진국에는 모두 그 나라의 최고 지도자를 배출하고 대대로 우수한 인력을 조기 교육시켜 꾸준히 양성하는 최고 수준의 사립학교들이 존재했음을 알 수 있었다.

거기에까지 생각이 미치자 그는, 직업소년학교 천막 교실을 운영하며 손바닥 들여다보듯 지리를 훤히 꿰고 있던 남산 기슭의 버려진 땅들을 조금씩 사들였다. 그리고는 그곳에 직접 학교를 짓기 시작했다. 그것도 그냥 짓는 것이 아니었다. 당시로서는 상상도 할 수 없을 정도의 최고 규모, 최고 수준의 시설이었다. 그렇게 최고를 욕심내며 짓다 보니 늘 돈이 모자랐다. 하지만 그는 직접 두 팔을 걷어 부치고 각계에 도움을 요청해 어렵사리 공사를 진행했다.

그렇게 학교가 완성되자 그는 딸의 이름을 따 학교명을 만들고는 자신이 직접 교장으로 취임했다. 다른 욕심이 있어서가 아니었다. '자기 자식의 이름을 내건 학교를 제대로 키워 내지 못할 부모가 어디 있겠는가?'라는 생각에서였다. 주위환경의 어려움과 세간의 유혹이 있더라도 사랑스런 자식을 키워내듯 최선을 다해 최고의 명문 학교로 길러 내고야 말겠다는 의지의 표현이었다.

그렇게 어려운 고비와 위기를 겪고 그가 구상한 최고 수준의 사립국민학교(현재의 초등학교)는 1965년 5월 어느 봄날에 개교식을 거행했다. 학교에는 당시로서는 상상할 수도 없었던 대형 옥외 수영장도 있었다. 여름이면 그곳에서 학생들이 마음껏 물놀이를 하도록 했고, 겨울에는 물을 얼려 스케이트장을 만들었다. 그리고 학생들에게는 당시 국민학교에서는 상상도 할 수 없었던 고급 소재의 교복을 입혔다. 어디서고 눈에 확 띄어 보호받을 수 있고, 학생들 간에 같은 학교 학생이라는 소속감과 자부심을 심어 주기 위한 조치였다.

그뿐만이 아니었다. 개교한 지 몇 년이 지났을 무렵 그의 머릿속에 '앞으로 수십 년 뒤 지금 우리 학생들이 학업을 마치고 사회에 나갈 무렵에는 새로운 세상이 열린다. 그 세상에 빠르게 적응하고 그 시대를 선도할 수 있으려면 어려서부터 그런 환경을 미리 접하고 익숙해져야 한다'는 생각이 들었다. 그는 "권응팔이 허세를 부리려다가 학교를 다 말아 먹는다"는 주위의 비아냥거림과 온갖 루머를 무릅쓰고 '전교생 시청각 교육 실시'라는 당시로서는 상상할 수도 없는 결단을 내렸고, 그 참에 최첨단 방송 기자재를 사들여 '전교 어린이 방송국'까지 만들어 주었다. 게다가 해외여행 자유화 조치가 이뤄지려면 20년도 더 남았던 시절에 전 교사를 데리고 일본으로 교육 현장 연수를 다녀오기도 했고, 개인용 PC가 본격적으로 도입되기도 전에 전 교사들에게 의무적으로 컴퓨터 관련 지식과 활용 기술을 습득하도록 했으며, 교내에 컴퓨터실도 설치했다.

그 모든 것이 일단 무엇 하나를 시작하면 그 분야에서 최고가 되어야만 직성이 풀리는 그의 성향 탓에 가능했던 일이었다. 남들의 눈에는 허세나 무모한 짓으로 보일 수 있는 일이었지만, 사회 발전에 주축이 될 인재를 배출해 내는 최고 수준의 사립교육기관을 만들겠다는 그의 의지와 계획에 따르면 당연한 투자이고 옳은 결정이었다.

그런 노력의 결과, 어린 시절부터 스케이트를 접했던 어린 학생들은 한국을 넘어 세계를 대표하는 빙상 스포츠 선수로 성장했다. 쇼트트랙 금메달리스트 김기훈, 채지훈, 원혜경 선수가 바로 그들이다. 당시로 서는 우리와 상관없는 먼 나라 스포츠로만 알았던 골프를 접했던 초등 학교 2학년 어린 소녀는 LPGA 챔피언 박지은으로 성장했다. 1인 1악 기 이상을 의무적으로 가르쳤던 수준 높은 음악 교육을 접했던 학생들 은 후에 대한민국 최고 재즈 피아니스트 김광민, 첼리스트이자 한양대 음대 교수인 박경옥이 되었고, 일반 대학에서도 보기 힘들었던 컴퓨터 실에서 모니터 화면을 뚫어지게 바라보던 노란 교복을 입은 소년은 한 국 최고 벤처 갑부이자, 한국을 넘어 세계로 진출한 게임 기업 엔씨소 프트 창업자 김택진으로 성장했다.

자신이 몸담고 있는 분야가 아닌 전혀 새로운 분야에 대한 용기 있는 도전과 적응하기보다는 최고가 되기 위해 노력했던 그의 뚝심이 있었 기에 가능했던, 그래서 더욱 드라마틱하게 느껴지는 한 학교의 탄생과 성장기가 아닐 수 없다.

이 스토리의 주인공은 노란 교복을 입은 병아리 같은 학생들과 함께 명문 사립초등학교의 대명사로 불리는 바로 그 이름, 리라초등학교다.

후회 없는 삶을 위한 메시지

지금은 할리우드를 대표하는 명배우이지만
톰 행크스는 대학을 졸업한 뒤 힐튼호텔에서
벨보이로 일했습니다.

「사계」를 작곡한 위대한 음악가 비발디는
베네치아 라 피에타 성당 소속의 수도사 겸 교사였습니다.

중국을 세계 양대 강국으로 성장시킨 후진타오 주석은
원래 중국 최고의 수력발전 전문가였습니다.

최고가 되겠다는, 최선을 다하겠다는
의지와 열정만 있다면
우리가 지금 어디에서 누구와 무슨 일을 하는 사람인지는
그다지 중요하지 않습니다.

당신은 어디에서 누구와 무엇을 하더라도
충분히 엄청난 일들을 해낼 수 있는 사람이기 때문입니다.

조금은 엉뚱한 친구
사귀기

1964년 영국.

낡은 점퍼에 다 떨어져서 여기저기 기운 흔적이 가득한 바지를 입은 40대 중후반의 사내들이 한 정당의 연설회장에 들어섰다. 그들의 손에는 피켓이 들려 있었다.

연설회장을 가득 메운 당원들과 그들을 취재하기 위해 몰려든 기자들이 일순 긴장했다. 그도 그럴 것이 연설회는 그 지역의 하원의원 선거에 나선 보수당 후보를 지지하기 위해 모인 자리였기 때문이다. 대대로 왕실의 권위와 귀족, 부유한 이들의 기득권 보호에 관심이 많았던 보수당으로서는 한눈에 봐도 문 닫은 탄광의 노조원이나 임금 체불된

철공소 직원쯤으로 보이는 사내들의 등장이 달가울 리 없었다. 만일 그들이 흥분한 당원들과 몸싸움이라도 벌이는 날에는 가뜩이나 힘겹게 치르고 있는 선거에 찬물을 끼얹는 꼴이 되고 말 게 분명했다.

하지만 연설회장에 들어선 사내들은 별다른 움직임이 없었다.

잠시 후, 사회자의 소개로 30대의 어린 나이로 선거에 입후보한 후보자가 연설을 하기 위해 무대 위로 올라서자 그들은 준비했던 피켓을 들고 소리치기 시작했다. 순간, 잠시의 정적이 흐른 뒤 그 자리에 있던 기자들의 카메라 플래시가 여기저기서 터졌다. 그리고 그렇게 한편의 선거 드라마가 시작됐다.

존 이라는 소년이 있었다.

그는 태어나면서부터 총명한 머리를 가지고 있었고 학습 태도 또한 성실해서 일류 학교 진학은 따 놓은 당상이었다. 하지만 제2차 세계대전 이후 영국병이라는 '저성장, 고실업' 현상을 혹독하게 겪고 있던 영국 경제 상황 속에서, 더군다나 가난하기만 한 집안 환경으로 그는 더 이상 학업에 전념할 수 없었다. 결국, 열여섯 살이라는 나이에 학교를 그만둔 소년은 먼저 버스 차장 일에 도전했다. 하지만 버스 회사 인사 담당자로부터 "너처럼 큰 키에 부티 나는 애가 차장을 하면 손님들이 좋아하지 않아. 부잣집 도련님이 장난치는 것 같다고 한단 말이야"라는 이해할 수 없는 이유로 딱지를 맞고 말았다. 낙심할 새도 없이 일단은 돈을 벌어야 했기에 그는 쉽게 구할 수 있는 막노동을 선택했다. 당시 영국 사회는 극심한 불황에 시달리고 있었다. 막노동판에는 그저

럼 어린 나이에 돈을 벌기 위해 나온 소년들로 가득했다. 그중에는 공부도 하기 싫은데 집에서 돈이라도 벌어오라고 하니 옳다구나 하는 생각에 막노동판에 나온 아이들이 부지기수였다. 그 아이들은 해고되지 않을 정도로만 설렁설렁 일을 하다가 마치는 시간이 되면 쌩 하니 도망쳐서 어린 아이도 들여보내 주는 술집에 가거나 또래 친구들과 함께 밤늦도록 축구를 하는 것이 보통이었다.

하지만 소년은 달랐다.

막노동판에서 소년이 맡은 일은 자갈과 모래 그리고 시멘트를 섞는 일이었다. 단순해 보이지만 각각의 재료들을 얼마만큼의 비율로, 또 무엇을 먼저 넣느냐에 따라 그 결과물은 판이하게 달랐다. 처음 며칠은 작업반장이 적어 준 대로 했지만, 가만히 살펴보니 함께 일하는 고참들은 훨씬 편하게 하면서도 더 좋은 품질의 결과물을 만들어 내는 자신만의 비법이 있는 듯했다.

"저, 며칠 전부터 일하게 된 존이라고 합니다."

"……."

인사를 건넸지만 고참은 아무 대꾸도 없었다.

"잘 부탁드립니다."

"……."

다시 한 번 인사를 건넸지만 역시 대꾸가 없었다. 그를 마치 투명인간 취급하는 것은 다른 고참들도 마찬가지였다. 이유는 쉽게 예상할 수 있었다. 그와 같은 또래의 소년 인부들은 고참들과 어울리기를 싫어했다. 그저 말이 통하는 또래들끼리 어울려 낄낄대고 일하다가 작업 시간이 끝나기가 무섭게 인사도 없이 도망치기 일쑤며, 일이 좀 고되다 싶으면 그만둔다는 말도 없이 다음 날부터 코빼기도 안 비추는 것이 일상적인 모습이었다. 그런 모습만을 봐왔기에 고참들은 존과 같은 아이들을 동료로 인정하려 하지 않았다.

하지만 존은 달랐다. 다음 날이 되자 다시 또 인사를 했다.

"존이라고 합니다. 궁금한 게 있으면 좀 여쭤 봐도 될까요?"

"존입니다. 시멘트와 자갈의 비율을 어떻게 하면 쉽게 맞출 수 있나요?"

"안녕하세요, 존입니다. 저녁에 시간이 되시면 작업 방법에 대해 좀 배웠으면 합니다."

몇 날 며칠이 지나도 한결같이 밝은 표정으로 고참들에게 인사를 하고, 또 성실한 자세로 하나라도 더 배우려고 하는 그의 모습에 냉랭하게 대하던 고참들도 마침내 마음의 문을 열기 시작했다.

"이봐, 존! 이리 좀 와봐. 여기 좀 도와줘."

"존, 그렇게 하면 시멘트에 기포가 생겨서 죄다 못 쓰게 되어버린다니까. 자, 이렇게 한번 해보라고."

"존, 퇴근하고 우리 집에 가서 저녁이나 먹지. 마누라가 파이를 만들어 뒀다네. 딴 건 몰라도 내 마누라 파이 굽는 솜씨는 일품이라고."

그는 어느새 고참들과 친한 동료이자 후배로서 인간적인 유대관계를 맺게 됐다. 나이는 스무 살 이상 어렸지만 늘 진지한 모습으로 성실하게 삶을 살아가는 그의 모습에 고참들은 기꺼이 그의 친구이자 동료가 되어 주었다. 그렇게 소년 존은 고된 막노동을 하고, 동료들과 어울리면서도 틈틈이 야간학교에 나가 다른 평범한 동기들보다는 조금 늦었지만 학업을 마칠 수 있었다.

그리고 몇 년 뒤, 소년 존은 36세의 젊은 나이로 영국 하원의원 선거에 입후보하게 된다.

하지만 선거판에서도 수년 전 버스 차장 자리에 응모했을 때 인사 담당자가 했던 것과 같은 말들이 들려 왔다.

"저 큰 키에 허여멀건 한 얼굴을 보라고. 부티가 줄줄 흐르는 게 고생 모르고 자란 응석받이 같은 걸?"

"당연하지. 젊은 나이에 보수당 의원 후보라니, 분명 귀족의 후예이거나 부유층의 자제일 거야."

"맞아. 우리 같은 서민들과는 거리가 먼 부잣집 도련님을 왜 우리를 대표하는 의원으로 뽑아야 하지?"

상대 당의 후보 측에서 퍼트린 게 분명한 이런 루머들은 유권자들 사이에 마치 사실인 양 퍼져 나갔다. 기회가 있을 때마다 열여섯 살에 학업을 중단하고 고된 직업 전선에 뛰어 들었다는 사실을 고백했지만, 젊고 잘생긴 그의 외모 탓에 유권자들은 그의 말을 믿으려 하지 않았다. 선거일이 얼마 남지 않은 상황에서 그런 루머들은 그에게 매우 불리하게 작용했다.

그리고 드디어 선거를 치르기 전 그의 마지막 유세 날이 되었던 것이다. 늙수그레한 얼굴의 사내들이 피켓을 들었다. 그리고는 외쳤다.

"존을 국회로!"

"우리의 선택은 존!"

그들이 들고 있는 피켓에는 '우리의 친구 존'이라는 글씨가 적혀 있었다. 그들은 소년 존이 막노동판에서 일할 때 함께 우정을 나눴던 바로 그 고참들이었다. 그들의 뜻밖의 외침에 자리에 있던 기자들이 사진을 찍으며 열띤 취재를 하기 시작했다. 귀족적 풍모의 청년 정치가가 알고 보니 돈이 없어 막노동판에서 일하며 야간학교를 다녀야 했고, 그 막노동판에서 자신보다 2, 30세 많은 사람들과 동료로서, 또 선후배로서, 때론 친구로서 진한 우정을 나눴다는 이 이야기는 정치 싸움 기사에 지친 유권자들에게 신선한 충격과 감동으로 전해졌다.

결국 그는 '나이 든 동료들'의 등장 덕분에 어렵던 선거에서 극적인 승리를 거둘 수 있었다.

그리고 11년 뒤, 그는 대영제국을 대표하는 제53대 총리로 선출됐다.

소년의 이름은 존 메이저John Major, 아니 이제는 존 메이저 경으로 기억하는 바로 그 사람이다.

후회 없는 삶을 위한 메시지

소년범들을 취재하는 기자들이 그 가족들로부터

늘 듣는 이야기가 있답니다.

"우리 애는 착한데, 친구를 잘못 사귀었어요."

성공한 젊은 기업인들을 취재하는 기자들도

역시 늘 듣는 이야기가 있답니다.

"주변 친구들의 도움이 결정적이었습니다."

유유상종이라고요?

아닙니다.

지금 옆에 있는 친구를 어떻게 바라보고

그로부터 무엇을 배울 것인가를 고민하는 사람과

지금 옆에 있는 친구가 무얼 하건

그냥 함께 순간을 즐기고 누리자고 생각한 사람과의 차이,

바로 그 차이에 지나지 않습니다.

허튼 취미에
돈 쏟아붓기

"최 과장님, 법원장님께서 오시라는데요?"

"법원장님이? 왜?"

"지난주에 또 골프 치러 가셨죠?"

"골프…… 그야 뭐, 저기…….."

"총리실에서 명단이 왔나 봅니다. 주말에 골프 치신 분들."

"이런 젠장! 도대체 이런 나라가 어디 있어? 내 돈 내고 취미생활 좀 하겠다는데!"

"그건 대통령께 가서 여쭤 보세요."

빈정대며 자신의 자리로 돌아가는 부하직원을 바라보며 최영식 씨가 한숨을 크게 내쉬었다.

'아, 또 법원장님께 뭐라고 둘러댄다. 도대체 대통령은 왜 공직자 골프 금지 같은 무식한 지침을 내려서 이 고생을 시킨담.'

그는 지방에서도 유명한 유지의 집안에서 태어나 젊은 시절부터 골프를 취미로 삼아 왔다. 게다가 연이 닿아 정치권에 발을 담그다 보니 그의 골프 실력은 날로 일취월장해서, 어느새 아마추어로서는 힘들다는 '싱글' 핸디를 기록하는 수준의 골퍼가 됐다. 물론 그 사이 사회생활에서는 몇 번의 성공과 실패를 겪은 뒤 특채로 법원에서 별정직 공무원으로 일하게 되었지만, 그의 골프 사랑과 탁월한 골프 실력은 여전했다.

하지만 그런 그에게 '청천벽력' 같은 소식이 전해진 것은 대통령 선거가 끝나고 문민정부가 들어선 직후였다. 새롭게 취임한 대통령은 과거 관행과의 의도적 단절, 특히 부정부패의 소지가 있는 각종 접대와 청탁의 고리를 끊고자 했다. 그런 대통령의 의지를 가장 대표하는 것이 바로 이유 여하를 막론한 '공직자 골프 금지' 지시였다. 지금도 그런 시각들이 조금은 남아 있지만, 당시만 하더라도 일부 부유층들만 즐기는 사치성 고급 스포츠로 인식되었던 골프는 특히 민간 기업인이 업무와 관련한 공무원들을 골프장으로 초대해 무료로 골프를 치게 해주고, 골프 경기 중 각종 내기를 걸어 일부러 져주는 방식으로 뇌물을 제공하는 등 온갖 비리의 온상으로 여겨지던 때였다. 민주적인 방식의 선거를 치르지 않고 수십 년간이나 권력을 지배해 온 과거 군사정부와

도덕적 차별성을 부각시키고, 문민정부 아래에서 흐트러지기 쉬운 국
가 기강을 엄하게 세우기 위해서라도 대통령은 '골프 금지'와 같은 다
소 강압적인 방법이 필요했던 것이다.

때문에 그 밑의 공무원들은 너나 할 것 없이 그 좋아하던 골프를 끊
고 테니스, 배드민턴 등을 치거나 '5년만 참자'며 쉬는 날이면 아예 집
에 틀어 박혀 근신하는 경우가 대부분이었다. 그런 분위기 속에서도
최영식 씨는 날이면 날마다 골프채를 잡았던 것이다.

그렇다고 그가 접대나 뇌물을 밝혀서 골프를 즐긴 것은 아니었다. 그
는 오로지 취미이자 스포츠로서 정말로 골프를 좋아하고 즐겼던 것이
다. 하지만 그런 그의 순수한 골프 사랑조차도 당시 분위기로서는 절
대 용납될 수 없는, 그야말로 '이뤄질 수 없는 사랑'이었다.

그는 고민에 빠졌다.

현재 상황으로 봐서는 다음 정권 교체가 있기까지 5년 동안 이런 분
위기가 계속될 것 같았다. 중간에 선거라도 있다면 그 고삐는 더더욱
조여들 터였다. 그렇다고 해서 처음 채를 잡는 순간 '세상에 이렇게 즐
거운 게 있었다니……' 하는 생각이 들게 했던 골프를 치지 않고 5년
을 살아갈 자신도 없었다. 어린 시절 유복한 가정환경에서 집안 어른
들로부터 풍류와 사람 사귐을 배워 온 그는 살면서 '하고 싶은 일 하고
만나고 싶은 사람 만나는 것'을 인생의 가장 큰 낙이자 삶의 목표로 생
각하며 살아 왔기 때문이다. 그는 사무실 벽에 걸린 거울을 바라보았
다. 그곳에는 무언가 불만으로 가득 찬 자신의 얼굴이 있었다. 며칠 전

골프장에서 옷을 갈아입고 티오프하기 직전 로비에 걸린 거울에 비춰 본 자신의 얼굴과는 너무나도 대조적인 모습이었다.

"그래! 뜨자."

그날로 한 달간의 연가를 낸 그는 사촌 형이 이민 가서 살고 있는 아프리카 우간다로 떠났다. 이민 전 현지 조사를 위해서였다. 가서 본 우간다는 한국에서 듣던 소문과는 달리 기후도 괜찮았고, 정치적 혼란도 그렇게 위험한 수준은 아니었다. 아프리카에서 막 인기를 얻기 시작한 한국의 타이어를 가져다 팔면 돈이 되겠다는 생각을 한 그는 우간다 현지 조사를 마치고 되돌아 와 즉시 한국의 대형 타이어 회사를 찾아갔다. 그리고는 해외 영업을 담당하는 부서장에게 다짜고짜 우간다를 포함한 동아프리카 판매를 책임지는 대리점 승인을 요청했다. 타이어 회사로서도 매출을 전혀 내지 못하고 있는 동아프리카의 오지에 판매사를 세우고 물건을 가져다 팔아 주겠다는데 반대할 이유가 없었다. 그렇게 준비를 마친 그는 전 재산을 정리해 컨테이너 여덟 개 분량의 타이어를 사들여 우간다로 실어 보냈다. 그리고 가기 싫다며 울고불고 하는 가족들을 달래 비행기에 몸을 실었다. 두렵기도 했지만, 당시만 해도 타이어 공장이 하나도 없어서 사용하는 타이어의 전량을 다른 나라로부터 수입해다 쓰는 동아프리카 시장이라면 충분히 해볼 만하다는 생각이 들었다. 가격 조건도 나쁘지는 않았다. 다른 물건들이야 가격이 형편없었지만, 자동차는 워낙 고가고 부유층들이 주로 사용하는 터라 그 소모품인 타이어 역시 상당히 고가로 가격이 형성되어 있었다.

하지만 어렵게 도착한 우간다 현지 사정은 그리 호락호락하지 않았다. 제품은 기대했던 대로 잘 팔렸지만 수금이 여의치 않았던 것이다. 팔릴 때는 뭉텅이로 나갔으나 제품 대금은 몇 달에 걸쳐서 조금씩 푼돈으로 들어왔다. 물건이 나가고 대금이 들어올 때까지의 공백을 버티려면 금융기관의 협조가 필수적이었다. 하지만 사업을 시작한 지 얼마 안 된 외국인에게는 그리 쉬운 일이 아니었다. 관공서에서 받아야 하는 각종 허가 등도 문제였다. 먼저 터를 잡고 있던 사촌 형의 도움을 받긴 했지만 만족할 만한 수준은 아니었다.

그러던 어느 날, 그날도 온갖 고민을 안고 사무실로 향하는데 저 멀리로 푸른 초원이 보이는 것이었다. 자세히 보니 자신이 그렇게 좋아하는 골프장이었다. 당시 우간다에는 퍼블릭 코스를 포함해 열 개 남짓한 골프장이 있었지만, 국제 공인을 받은 정규 18홀 골프장은 그가 거주하는 캄팔라 외곽에 있는 곳이 유일했다.

"내가 우간다에 정착하기 위해 아등바등하느라 그렇게 좋아하는 골프를 잊고 있었네. 속 편하게 골프나 실컷 치자고 한국을 떠난 거였는데 정작 여기 와서는 골프를 제대로 쳐본 적이 없다니, 허허."

그는 허탈한 웃음을 터뜨렸다. 그리고는 골프장으로 가서 그동안 맘껏 치지 못하고 참아온 그토록 좋아하는 골프를 다시 시작했다. 그런데 거기에 그의 인생의 또 다른 드라마틱한 반전이 기다리고 있었다.

우간다 유일의 골프장은 당연히 우간다에서도 난다 긴다 하는 권력자나 저명인사들만이 출입할 수 있었다. 하지만 그들의 골프 실력은 그다지 뛰어나지 못했다. 그런 가운데 피부색 다른 외국인이 준 프로급의 실력으로 싱글 핸디를 기록하자 그들의 입이 떡 벌어졌다. '자그마한 덩치의 동양 사내가 300yd를 훌쩍 넘게 공을 날려버리더라'는 소문이 삽시간에 골프장 회원은 물론 전 캄팔라 시내에 파다하게 퍼졌다. 당시 그 골프장의 주인은 경찰청 부청장으로 대통령의 동향 후배이기도 한 권력자였다. 주인은 소문을 듣고 그를 저녁식사에 초대했다. 골프에 대한 이야기로 밤늦도록 이야기꽃을 피운 그는 다음날 즉시 대형 냉장고 세 대를 사서 골프장에 기증했다. 한국식으로 골퍼들이 휴식을 취할 수 있는 '그늘집'을 마련했으면 좋겠다는 메시지와 함께. 그리고는 자신의 집 뒷마당에 그물을 치고 골프 연습을 할 수 있는 시설을 마련했다. 다음날부터 그의 집에는 이름만 대면 알만한 우간다 정부의 고위 관료들이 찾아와 그에게 골프 스윙 한 수를 청했다. 그는 흔쾌히 그들의 골프 스승이 되어 성심껏 지도했다.

한국에서는 남의 눈을 피해 몰래 해야 했던 '버림받은' 취미가 그야말로 가장 효과적인 사교술의 하나로 각광받는 순간이었다. 그의 개인 레슨 제자가 된 사람들의 면면을 보면 우간다 검찰총장, 국방부장관, 경찰 고위간부, 국회의원 등 마치 우간다 정부청사를 그대로 옮겨 놓은 듯했다.

'여기가 인생의 마지막이 될 곳이다'라는 각오로 이를 악물고 사업 경영에 혼신의 노력을 기울였지만 난관에 부딪치는 일이 끊임없이 생겨났다. 사기, 허가 취소, 공갈 협박 등 외국인으로서 사업을 하다

보면 겪을 수밖에 없는 수많은 곤경에 처할 때마다 그와 함께 운동을 즐겼던 많은 '우간다 친구'들이 자신의 일처럼 성심 성의껏 도움을 주었다.

그렇게 자신의 취미활동으로 다져진 탄탄한 인적, 물적 기반을 바탕으로 그는 우간다 타이어 시장을 좌지우지하는 큰손으로 거듭났다. 이제 그의 이름은 웬만한 우간다 정재관계에서는 모두 엄지손가락을 거듭 세우며 '최고'라고 인정하는 일종의 브랜드가 됐다.

이상이 자랑스러운 교민 사업가 ㈜우리아의 최영식 회장이, 골프라는 취미로 어려움을 겪다가 드라마틱하게 성공 신화를 써나간 이야기의 줄거리다.

그동안 '먹고 사느라 바빠서' 다락방 깊숙이 혹은 창고 저 안으로 처박아 두었던 당신의 '그 취미'를 다시 시작해 보는 것은 어떨까?

바로 그 취미로부터 '맛있는 드라마'가 시작될지 또 누가 알겠는가?

후회 없는 삶을 위한 메시지

취미趣味는 말 그대로
'맛味있는 것을 취趣하는 것'입니다.
혹시
지금 하루하루가 의미意味 없다고 느껴진다면,
당신은 신이 당신에게 허용한,
'맛있는 것을 취할 기회'를 스스로 버려버린
당신의 각박함을 탓해야 할지 모릅니다.

과감하게 '살맛나게 맛있는 것'을 찾아
모든 것을 걸어 보세요.
당신은 충분히 그래도 되고, 당연히 그래야 합니다.
어쩌면
당신이 선택한 그 '맛있는 것'이
당신의 인생을 진짜 맛있게 만들어 줄지 모릅니다.
아니 꼭 그럴 것입니다.

불필요한 것들
주워 모으기

"저런 멍청한 녀석! 당장 교실 밖으로 나가 서 있어!"

소년은 또다시 선생님의 혹독한 욕설을 들으며 교실 밖에 서 있어야 했다. 이유는 수업 시간에 멍하게 있다가 선생님의 질문에 제대로 답하지 못했기 때문이다.

하지만 그는 멍하게 있었던 것이 아니다. 수업 내용과 관련한 것에 대해 홀로 자신만의 생각을 했을 뿐이었다. 선생님은 영국에 살고 있다는 곤충에 대해 한참 설명을 하고 있었지만, 그것은 책에 나온 그대로를 다시 읽어 주는 것일 뿐이었다. 실제 소년이 알기로 영국 내에는 그런 곤충이 존재하지 않았다. 다만 그와 유사한 종류 몇 가지가 살 뿐이었다. 대부분의 사람들은 그것들이 같은 종류인 것으로 착각했지만, 박물학자였던 할아버지가 남긴 자료에 따르면 그들은 모양이 비슷할 뿐 완전히 다른 종류의 곤충이었다. 소년은 그 곤충들에 대해 할아버지가 써놓은 설명 들을 떠올리느라 잠시 딴 생각을 했던 것뿐이다.

다른 풀들에 관한 수업 내용도 마찬가지였다. 선생님은 그저 책에 쓰인 대로만 이야기 한 뒤 받아 적으라고 했다. 그 말에 소년은 자신이 지난여름 실제 자신의 집 마당에서 채집했던 곤충과 풀 그리고 작은 짐승들을 떠올렸다. 그러는 사이에 선생님이 또 질문을 했고 소년은 그에 대한 적절한 답을 하지 못하고 만 것이다.

"찰스, 도대체 수업에 집중하지 않고 왜 그렇게 멍하게 있는 거냐? 멍청한 놈."

선생님은 분이 안 풀리셨는지 그 뒤로도 몇 번이고 소년에게 악담을 퍼부었다. 하지만 괜찮았다. 수업만 끝나면 집 앞에 있는 정원에서 직접 곤충을 채집하고 식물들을 관찰하고, 형 라즈를 도와 각종 실험들을 할 생각에 소년은 벌써부터 기분이 들뜬 상태였다.

하지만 집으로 돌아가자 다시 불운이 시작됐다.

오후에 진료를 받기로 한 환자들이 동시에 예약을 취소해서 아버지가 일찍 병원 문을 닫고 귀가하셨기 때문이다. 소년이 여덟 살 때 어머니가 돌아가신 뒤로 아버지는 자녀들이 상처를 받거나 기죽지 않도록 매사에 세심하게 배려하고 사소한 잘못에는 화 한번 내지 않았다. 하지만 최근 들어 아버지는 소년에게 이젠 거의 가업이 되다시피 한 의사가 되어야 한다며 잔소리를 하기 시작했다. 소년은 얼굴만 마주치면 "의대를 가라!"며 다그치는 아버지와 마주치지 않기 위해 학교에서 돌아오자마자 채집통과 모종삽을 들고 집 밖으로 나가려던 참이었다. 그런데 마침 일찍 병원에서 돌아와 응접실에서 책을 보고 있던 아버지와 딱 마주친 것이다.

"찰스, 학교에서 돌아온 지 얼마나 되었다고 또 어딜 나가려는 거냐?"

"저…… 할아버지가 만드신 정원에요."

"할아버지가 만든 정원? 아, 그런데 거길 왜 가지?"

아버지가 처음으로 무조건 '가긴 어딜 가? 얼른 올라가서 의대 진학 시험 준비해야지'라고 하시지 않고 소년의 취미에 관심을 보이는 듯하자, 소년은 신이 나서 할아버지가 돌아가시기 전에 꾸며놓은 정원에서 하는 일들에 대해 소상히 이야기했다.

"거기 가면 온갖 곤충과 들짐승들이 가득해요. 채집할 만한 식물과 꽃들도 수두룩하고요. 지난번에는 검은 무당벌레를 잡기도 했어요. 생각이나 해보셨어요? 검은색 무당벌레라니! 그런데 도대체 그 무당벌레는 왜 검은색으로 태어난 걸까요? 그냥 신이 그렇게 태어나도록 한 걸까요? 아니면 그렇게 태어나는 게 뭔가 유리하기 때문인 걸까요? 무섭게 보여서 다른 짐승들에게 잡혀 먹히지 않으려고 한 거라든지……."

평소와 달리 신이 나서 자신의 관심 분야와 하고 있는 일들에 대해 속사포처럼 떠들어 대는 소년의 모습을 물끄러미 바라보던 아버지는 소년의 말이 끝나자마자 책을 덮으며 이렇게 말했다.

"찰스, 애들 장난은 이제 그쯤 하면 됐다. 너도 이제 진로를 정하고 그에 따른 전공을 선택해서 진학해야 하지 않겠니. 내가 에든버러 대학교 의과대학에 입학 가능 여부를 물어 봐 놨다. 곧 연락이 올 거야. 오늘부터는 딴 짓 하지 말고 진학 준비를 하도록 해."

말 그대로 청천벽력과도 같은 소리였다.

하지만 당시 사회적 분위기나 그의 집 가풍상 바로 그 자리에서 반발하거나 대들 수는 없었다. 소년은 채집 도구를 들고 다시 자신의 방으로 들어갔다. 결국 얼마 뒤 열여섯 살의 소년 찰스는 아버지의 뜻에 따라 에든버러 의대에 진학했다. 하지만 그는 의대 수업에는 도통 취미를 붙이지 못했다. 대신 플리니 학회_{Plinian Society}(1823년 에든버러 대학에서 만든 자연과학이나 박물학 등을 연구하는 학생들의 자발적인 연구 모임)에 참가해 전공과 전혀 상관없는 조개껍질이나 식물 뿌리 등을 수집하는 데 거의 모든 시간을 투자했다. 게다가 흑인 노예 출신의 존이라는 사람을 사귀어 박제와 관련한 공부를 하지 않나, 의대 수업 대신 박물학 수업을 청강하기도 했으며, 당시 유럽 최고 수준을 자랑하던 에든버러 대학 부설 박물관의 연구 조교를 자원해 박물관 자료 정리와 연구 보조를 하며 자신의 수집 취미를 더욱 발전시켜 나갔다.

하라는 의대 공부는 하지도 않고 엉뚱한 것들을 수집하고, 또 그와 관련한 지식을 습득하기 위해 하루 대부분의 시간을 허비하는 찰스의 모습을 보다 못한 아버지는 그를 의대에서 자퇴시킨 뒤 이번에는 영국 국교회 신부가 되라며 케임브리지 대학교 신학과에 들여보냈다. 하지만 그곳에서도 그의 수집벽과 박물학에 대한 관심은 사라지지 않았다. 신학 대학의 졸업에 필요한 수업이 아니었던 채집학, 지질학, 박물학 수업에 오히려 더 심취했으며, 육촌 아저씨의 소개로 만난 젊지만 세계적인 명성을 날리던 박물학자 존 S. 헨슬로와 깊은 친분을 쌓으며 그와 함께 자신의 박물학과 곤충학에 대한 관심을 더욱 넓혔다.

그렇게 몇 번이고 "조금 쓸모 있고 번듯한 일을 하라"는 아버지의 강압과 꾸지람을 무릅쓰고 '쓸모없어 보이고, 현재의 자신에게 전혀 도움이 안 될 것들을 모으고 연구하던' 그는, 결국 세상의 더 많은 것들을 직접 눈으로 보고, 세계의 더 많은 것들을 수집하기 위해 세계 일주를 떠나기로 결심했다. 이번에도 역시 아버지는 "의사나 성직자가 되기 위한 공부를 해도 모자랄 시간에 왜 쓸데없이 그런 짓을 하려느냐?"며 극심하게 말렸지만, 이제 어느덧 성인이 된 찰스는 자신의 고집을 굽히지 않았다.

끝내 그는 우스꽝스러운 이름을 가진 해군 측량선에 박물학자 자격으로 탑승해 남아메리카를 돌아 태평양을 거쳐 오스트레일리아와 뉴질랜드를 다녀오는 기나긴 항해 여행을 떠났다. 그리고 그곳에서 수많은 새로운 생명체를 보았고, 수집가답게 그중 일부는 영국의 집으로 가져 왔다. 그 많은 경험과 채집하고 수집한 것들을 바탕으로 그는 또다시 새로운 학문의 세계를 넓힐 수 있었다.

그를 싣고 남반구의 바다를 누볐던 '우스꽝스러운 이름'을 가진 배. 그 배는 지금은 '노아의 방주' '타이타닉'과 더불어 인류 역사상 가장 유명한 세 척의 배로 손꼽히는 '비글호HMS Beagle'이다.

그리고 인생을 통틀어 거의 대부분의 시간을 '불필요해 보이는' 세상의 잡다한 사물과 생물들을 수집하는 데 보낸 그는, 이제는 온 인류에게 너무도 유명한 이름으로 기억되는 '진화론'의 창시자 찰스 다윈 Charles R. Darwin 이다.

후회 없는 삶을 위한 메시지

세상 모든 위대한 박물관의 시작은
사소한 것, 쓸데없는 것에 대한
따뜻한 애정과 관심으로부터 시작됐습니다.

당신이 오늘 소홀히 지나친
149개쯤의 사람과 사물 중
어떤 것은,
당신의 손자가 당신의 나이가 되었을 때
이 나라의 보물로 박물관에 고이 모셔져
아무나 쉽게 만나 주지 않을지도 모릅니다.

당신의 삶을 평범하게 만드는 것,
그것은 바로 세상 모든 것을 사소하게 보는
당신의 무심함입니다.

'불규칙'의 힘을 알면 인생은 더욱 단단해진다

매일매일 반복되는 무의미한 규칙과 틀에서 벗어날 때,
당신의 삶이 바뀐다

규칙적인 삶의 굴레에서
벗어나기

"난 태어나서 단 한 번도 우연히, 우발적으로, 감정에 따라 살아 본 적이 없어요. 늘 계획한 대로, 원래부터 하던 대로, 계속 해오던 그대로 살아왔지."

말씀을 마치신 동장님은 소주잔에 채운 물을 '원 샷' 하셨다. 삼겹살을 파는 식당, 다른 일행들의 잔에는 소주가 담겨 있었다. 그는 그랬다.

그는 내가 전역한 뒤 배속 받은 예비군 동대가 있던 동사무소(지금의 동 주민센터)의 동장이었다. 그런 연유로 '동 방위협의회' 회의 때나 '민관군합동훈련' 때 몇 번 인사를 나눈 뒤, 나이 차이에도 불구하고 우리는 친분을 나누는 사이가 됐다. 하지만 아무리 친해져도 그는 말을 함부로 하는 법이 없었으며, 다음날 구청에 회의가 있기라도 하면 절대로 입에 술 한 잔 대지 않는 것을 철칙으로 삼았다. 게다가 그뿐이랴, 함께 일하는 동사무소 직원들의 말에 따르면 영전해 온 이후로 단 하루도 빠짐없이 꼭 정해진 시간에 출근했다가, 큰 회의나 업무가 없으면 정해진 시간에 퇴근해서 직원들 사이에 별명이 '인간 시계'라고 했다.

그런데 그런 분이 갑작스럽게 전화를 해서 "우리 예비군 동대에 근무했던 젊은 예비역 장교 분들과 밥 한 끼 하고 싶다"며 오늘 모임을 청해 온 것이었다. 의외였다. 그런데 그가 자리에 앉자 신세한탄부터 시작했다.

"이제 정년퇴임을 앞두고 내 살아온 인생을 돌아보니, 문득 내가 그렇게 시계 바늘처럼 꼬박꼬박 정해진 삶을 살아온 게 잘한 건가 싶기도 하고, 아니라고 하면, 그러면 또 어떻게 살아야 할지도 모르겠고⋯⋯."

다음날 회의가 있다며 늘 그랬듯 소주잔에 물을 채워 마시고는 있었지만, 동장님의 '물잔'은 소주로 가득한 우리의 잔과 다를 바 없는 기능을 하는 듯했다.

그때였다.

"이제부터 안 하시던 일만 골라서 하시면 되죠."

예비역 장교들 중 가장 고참뻘인 예비역 대위였다. 전역을 한 뒤 시험에 붙어 관세사 사무소를 운영하는 이였다. 평상시 동장님보다 꼼꼼하거나 계획한 대로 사는 모습이 더하면 더했지 결코 덜하지 않은 사람의 입에서 그런 이야기가 나왔다는 게 조금은 의외였다.

"저도 계획성이랄까? 융통성 없는 걸로 치면 동장님과 막상막하일 텐데요. 그래도 숨 좀 쉬며 살 수 있는 것이, 가끔, 아주 가끔씩 좀 엉뚱한 짓을 하곤 하거든요. 대책 없이 여행을 떠난다거나, 일은 싹 잊어버리고 가족들이나 친구들하고만 시간을 보낸다거나, 일부러 늘 하던 것 중 하나를 빼먹고 안 한다거나 하면서 말이죠. 뭐 거창한 걸 할 필요도 없습니다. 늘 넥타이를 매고 출근하다가 하루 안 매고 출근했을 때 느끼는 그 자유로움. 그 정도만으도 충분합니다. 불규칙한 삶이 때로는 사람에게 활력을 주죠."

하지만 그의 그런 이야기도 정년퇴임을 앞둔 동장님의 인생에 대한 고민을 해결해 주지는 못하는 듯했다.

"에효, 사람이 천성이라는 게 있는데 그게 쉽게 되나……."

마지막 잔에 든 술을, 아니 술잔에 담긴 물을 털어 마시고는 평생 어떤 술자리에서라도 어겨 본 적이 없다는 시간, 저녁 9시가 되기 15분 전에 자리에서 일어나며 동장님이 남긴 마지막 이야기였다.

다음 날 오전, 동장님은 함께 정년퇴임을 앞둔 열한 명의 구청 소속 공무원들을 위해 시장이 주최한 퇴임식에 참석했다. 그 뒤, 원래대로라면 식을 마친 뒤 가족들과 함께 식사나 하고 집으로 오면 되는 거였다. 하지만 그는 꽃다발을 들고 찾아온 아내와 아들 며느리, 직원들을 데리고 퇴임식이 거행된 구민회관 앞에 있는 단골 삼계탕 집에 가서는 달랑 반계탕 한 그릇씩을 사 먹인 뒤, 3년째 출근한 주민센터로 가서

112

다음 달에 있을 도로 확장공사 관련 서류를 챙기고 후임 동장이 신경 써서 관리해야 할 부분들을 메모지에 꼼꼼하게 적었다. 무엇보다 확장공사 구간에 비만 오면 상습적으로 침수되는 지역이 포함된 것이 신경 쓰였던 것이다. 늦은 식사를 마치고 이를 쑤시며 들어온 후임 동장이 아무 생각 없이 집무실로 들어섰다가 손님용 소파에 앉아서 뭔가 열심히 적고 있는 동장님을 발견하고는 흠칫 놀랐다. 동장님은 괜히 미안한 생각이 들어서 "못 챙긴 짐이 있어서……"라고 둘러대며 슬며시 사무실에서 빠져 나왔다.

'참 네. 내가 뭘 하고 있는 거지? 이젠 동장도, 공무원도 아닌데…… 수십 년간 해온 일이라서 그런가?

마지막으로 동사무소 앞마당을 휙 둘러본 뒤 그는 집으로 가는 마을버스를 타기 위해 터덜터덜 정류장으로 걸어갔다. 눈에 익은 '02번' 마을버스가 저 멀리서 다가오고 있었다. 익숙했다. 벌써 12년째 타고 다닌 버스였다. 주민센터 근무와 구청 근무를 번갈아 했지만, 구청과 여러 동사무소 그리고 그의 집 앞을 지나가는 노선을 운행하던 마을버스는 오랫동안 그의 발 노릇을 해주었다. 버스의 문이 열리고 운전기사가 동장님을 발견하고는 꾸벅 고개를 숙였다. 하도 자주 타는 버스이다 보니 마을버스 기사들의 얼굴을 모두 알고 있었다.

"오늘은 일찍 집에 가시네요?"

동장님은 웃으며 인사하는 기사에게 옅은 웃음으로 답례하며 버스에 올라탔다. 온 지 얼마 되지 않는 기사라서 그런지 아직 정년퇴임 사실을 모르는 듯했다. 그는 늘 그랬듯이 버스카드를 댄 뒤 정확히 버스의 중간 위치 쯤에 있는 손잡이 부분을 틀어지고 섰다. 그리고 역시 늘 그랬듯이 버스의 창틀과 천장이 만나는 부분에 붙어 있는 광고의 문구들을 꼼꼼하게 읽었다. 그런 광고를 세 개쯤 읽으면 여섯 개의 정류장을 지나치게 될 테고 여기가 어디냐고 물어볼 것도 없이, 밖을 내다볼 것도 없이 그냥 그곳에서 내리면 된다. 그리고는 오른쪽으로 150m쯤 걸어가서 다시 오른편으로 난 골목으로 100m쯤 오르막길을 걸어간 뒤 첫 번째 말고 두 번째 대문으로 들어가 다세대 주택의 2층으로 가면 되는 것이다. 지난 수십 년간 그랬던 것처럼.

그런데 이날 그는 조금 이상했다.

광고가 눈에 들어오지 않았다. 그도 그럴 것이 어제까지만 해도 36년여간 늘 그랬듯이 새벽 5시에 일어나 신문을 읽고 아침을 먹은 뒤 이 마을버스를 타고 출근해서 관내를 둘러본 뒤 업무를 보고 퇴근해서 다시 이 마을버스를 타고 집에 오는 생활의 연속이었다. 아침에 세 개, 저녁에 세 개 도합 여섯 개의 버스 내 광고를 보고 크게 변하는 법이 없는 거리의 풍경을 보며 출퇴근을 했었다.

하지만 당장 내일 아침부터는 갈 곳이 없다. 이 마을버스도, 버스 안에 붙어 있는 족발집의 조잡한 광고도 볼 일이 없다.

당연하다고 생각해 왔던 일상이 송두리째 바뀌어야 한다는 생각에 동장님은 갑자기 불편해지기 시작했다. 어제 가까이 지내던 몇몇 젊은 사람들과의 식사 자리에서나 오전에 있었던 정년퇴임식장에서도, 그리고 마지막으로 짐을 챙겨 주민센터를 나올 때조차도 실감하지 못했던 감정이었다.

'이제 뭐하고 살지…… 죽을 때까지 그 수많은 시간을 뭘 하며 보내지……?'

그런 생각에 빠져 있을 무렵, 버스가 막 내려야 할 정류장에 도착했다. 그가 머뭇거리며 내리지 않자 버스기사가 앞문을 연 채 그에게 말했다.

"동장님! 안 내리세요? 댁 앞인데요."

하지만 그는 내리지 않았다. 아니 내리지 않기로 했다.

"아, 잠시 어디 좀 갈 데가 있어서요."

다시 출발한 마을버스는 그를 포함한 서너 명의 승객들을 데리고 열몇 개의 정류장을 더 지나쳤다. 처음 와보는 동네였다. 지나쳐 보기는 했을 텐데 새로 조성된 뉴타운 지역이라서 그런지 지리가 낯설었다. 그는 아무 정류장에서 벨을 누르고 내렸다. 평상시의 그라면 있을 수 없는 일이었다. 계획에도 일정에도 없는 이런 행동은.

버스가 떠나가고 그는 거리를 둘러봤다. 어디로 걸어가야 할지도 감이 잡히지 않았다. 늘 미리 살펴서 준비하고 계획을 세우고 그 계획에 따라 정해진 삶을 살아오던 그에게 '갑자기' '무계획적으로' '불규칙하게'라는 말은 필요치 않은 단어였다.

그때였다. 어제 술자리에서 "때로는 불규칙한 삶이 커다란 즐거움과 새로운 시야, 생각지도 못했던 삶의 가치를 주는 경우도 있다"고 하던 예비역 대위의 말이 생각났다.

'불규칙한 삶이 주는 즐거움과 시야, 가치라…… 우선 늘 내리던 버스 정류장은 지나쳐 와봤는데…….'

그때였다. 그의 콧잔등 위에 걸쳐져 있는 안경이 새삼 다르게 느껴졌다.

'그래, 아침에 일어나면 이불에서 빠져 나오기도 전에 내 얼굴에 걸쳐지는 바로 이 안경!'

열일곱 살 때부터는 근시에 난시까지 와서 29년 동안 썼고, 마흔여섯 살 때부터는 원시가 와서 돋보기 기능이 들어간 누진 다 초점 렌즈로 바꿔 다시 12년간 써온 안경이었다. 그렇게 열일곱 살 여드름투성이 소년일 때부터, 매일 새벽 눈을 떠서 잠자리에 드는 그 시간까지 그의 얼굴 위에서 단 한순간도 벗겨진 적이 없었던 안경이었다.

기왕 이렇게 된 거 그는 콧잔등 위에 수십 년간 얹혀 있던 안경까지 벗어 던지고 셔츠의 단추 하나를 더 풀었다. 세수할 때를 제외하고는 벗어 본 적도, 풀어 본 적도 없던 것들이었다. 그런데 그때, 새로운 것들이 보이기 시작했다.

늘 환경 정비의 대상으로 보이던 옥외 간판이 한 줌의 꽃다발처럼 보이고, 그 위에 적힌 글씨들이 멋들어진 시구가 되어 가슴으로 다가 왔다. 단속의 대상으로만 보이던 입간판들이 귀엽기도 하고 또는 거창한 조각상처럼 보이기 시작했다. 민원인으로만 보이던 길가의 사람들이 말을 걸고 싶은 친근한 이웃으로 보이고, 수십 년 동안 단 한 번도 제대로 들어 보지 않았던 가게에서 틀어 놓은 음악소리가 귀에 들리기 시작했다.

그렇게 한참을 걸어서 집 근처 골목길로 접어들 무렵, 축 늘어졌던 그의 걸음걸이가 다시금 힘찬 행군으로 바뀌어 있었다. 그리고 그때 그의 눈에 누군가 적어 놓은 듯한 낙서 하나가 보였다.

'정해진 하나의 길, 그런 것은 존재하지 않는다.'

학창 시절 심취해서 읽었던 니체의 말이었다.

오래전부터 쓰여 있던 낙서인 모양인데, 왜 이제야 자신의 눈에 보이게 된 것인지 의아했다. 20년도 넘게 오고간 길인데. 아무튼 그날의 그 '길 잃음'으로부터 불규칙하지만 지금까지 살아 온 삶 중에 가장 즐겁고 유쾌한 날들이 다시 시작됐다.

후회 없는 삶을 위한 메시지

새우깡은 실수로 방치한 밀가루 반죽에서 만들어졌습니다.

페니실린은 플레밍 박사가 뚜껑을 열어 둔

배지 접시에서 탄생했습니다.

귀한 고대 문서 사해사본은 길 잃은 양을 찾아 나선

목동이 발견했습니다.

때로는 이제껏 다니던 길이 아닌,

이제껏 하던 방식이 아닌,

이제껏 알던 지식이 아닌,

그런 길로, 방식으로, 지식으로 세상을 바라보는 가운데

진짜 소중한 것들이 만들어지고는 합니다.

단,

그런 우연은 결코 그냥 오지 않습니다.

길을 떠날 준비가 된 사람,

새로운 방식을 두려워하지 않는 사람,

그리고 모르는 지식을 배우기를 마다하지 않는 사람,

그런 사람들에게만 기꺼이 모습을 드러냅니다.

대책 없는
여행 떠나기

"1년 뒤에 입사하겠습니다."

인사팀장은 그가 내뱉는 말에 어안이 벙벙했다.

"왜죠?"

"어디 좀 다녀올 데가 있습니다."

아직 첫 출근도 하지 않은 주제에 1년 뒤에 입사할 테니 자리를 좀 비워 달라는 그의 당돌하고도 어이없는 요청에 인사팀장은 쓴 웃음을 지으며 말했다.

"그건 저 혼자 결정할 사항이 아니니까, 일단 입사하기로 한 제품기획팀 부서장과 상의해서 알려드리겠습니다. 하지만 많이 기대하지는 마세요."

그 역시 큰 기대는 하지 않았다.

아무리 영국의 명문인 워릭 대학교 출신에 톱클래스 경영대학원인 런던 비즈니스 스쿨을 나온 인재라고 하지만 아직 입사도 안 한 신입사원 한 명을 기다리기 위해 책상 하나를 1년 동안 비워둘 회사는 없을 터였기 때문이다.

그가 이렇게 무모한 이야기를 꺼내게 된 사연은 2년쯤 전부터 시작된다.

대학을 졸업한 그는 당시 한창 잘나가던 미국 자동차 빅3 중의 하나인 크라이슬러사의 영국 법인 산하에 있는 디자인 연구소의 개발 엔지니어로 입사했다. 어렸을 때부터 워낙 자동차 광으로 유명했던 그에게 자동차를 직접 자기 손으로 만들어 내는 일은 적성에 꼭 맞는 행복한 직업이었다. 그는 열심히 일했고 어느 정도 눈에 보이는 성과도 만들어 냈다. 덕분에 그는 당시 크라이슬러가 유럽 시장을 겨냥해 출시를 계획 중이던 신모델을 개발하는 특별 비밀 프로그램의 핵심 멤버로 참여하게 됐다. 하지만 그런 행복한 날은 오래지 않아 끝났다.

1960년대 후반, 점차 경영 실적이 악화되기 시작한 크라이슬러는 'C-car 프로젝트'라고 이름 붙여진 비밀 프로그램을, 시작한 지 몇 달도 지나지 않아 완전 백지화시켜버렸다. 그 프로그램을 위해 차출된 인원들 또한 다른 부서로 복귀하거나 그조차 원치 않는 사람은 해고 처리됐다.

그는 원하지 않는 다른 부서로 배치되느니, 차라리 그간 생각만 했지 너무 바빠서 엄두를 내지 못했던 공부를 더 하기 위해 상급학교로의 진학을 택했다. 짧은 시간 준비했을 뿐인데도 그는 굉장히 좋은 경영대학원 여러 곳에 합격했고 그중에서도 재무와 회계학 분야에 명성이 높았던 런던 비즈니스 스쿨에 입학하게 됐다.

그는 빡빡한 경영대학원 수업을 들으면서도 자동차와 그를 이용한 여행에 대한 관심을 키워갔다. 시간이 날 때마다 유럽의 유명한 자동차 경주 대회 구경을 다녔으며, 직접 차를 몰고 영국 전역을 돌아다녔다.

그러던 어느 날, 그는 햇볕을 쐬며 자동차 잡지를 읽기 위해 리젠트 파크의 한 벤치에 앉았다. 그리고 그곳에서 우연히 톨스토이의 소설책을 읽고 있던 한 아일랜드 아가씨를 만나게 된다. 그는 첫눈에 반해 데이트 신청을 했고 두 사람은 사귄 지 꼭 1년이 되는 날 결혼식을 올렸다.

두 사람은 공통점이 많았다. 그중에서도 가장 큰 공통점은 두 사람 모두 여행을 무척이나 좋아한다는 것이었다. 남들이 보면 무슨 방랑벽이나 역마살이 낀 사람처럼 보일 정도로. 가난한 경영대학원생 남편과 와인 판매회사의 사무 보조였던 아내는 빠듯한 살림살이를 하면서도 시간이 날 때마다 영국은 물론, 유럽 전역을 돌아다녔다. 한 해가 더 지나 그는 경영대학원을 졸업하게 됐다. 그리고 운 좋게도(물론 지금도 그렇지만 당시에 그처럼 엔지니어 경력이 있는 경영학 석사는 매우 유용한 인재였다) 그는 영국 동부에 위치한 포드사의 제품 기획부서에 합격하게 된 것이다.

그런데 정작 문제는 회사에 합격하고 출근 날짜를 통보받은 이후부터 시작됐다.

'회사원으로 평생을 사는 게 내가 원하던 삶일까? 교외 소형 주택가에 살면서 교통체증에 시달려가며 출근했다가 저녁 늦게 집으로 되돌아오는 그런 반복적인 삶을 산다는 게 과연 무슨 재미가 있을까? 내가 꿈꾸던 삶이 대기업의 일부분이 되어 기계 부품처럼 사는 것일까?

하루에도 수십 번씩 드는 이런 생각에 그는 2년 전 크라이슬러를 그만두고 거의 무일푼으로 거리에 내몰렸을 때보다도 더 암담하고 답답한 기분에 휩싸였다.

그는 그런 생각들을 아내에게 솔직하게 이야기했다. 아내는 그의 이야기에 진심으로 귀를 기울여 주었으며, 그가 현실에 몰려 성급하게 선택하지 않도록 그에게 생각할 여유를 주었다.

그러던 어느 날, 그는 저녁 식탁을 차리는 아내에게 말했다.

"자기야, 우리 떠나자."

그 말에 잠시 당황하던 아내는 이내 '당연한 이야기를 왜 하냐'는 듯한 밝은 표정으로 천진난만하게 되물었다.

"그래? 어디로?"

"아시아 그리고 오스트레일리아! 아시아 대륙을 횡단한 다음 오스트레일리아까지 가는 거야. 일단 거기까지 가는 데 성공하면 영어가 통하는 영연방 국가니까 쉽게 일자리를 구할 수 있을 거야. 돌아오는 여비는 그곳에서 벌어서 오기로 하고 일단 거기까지 가는 것만 고민해 보자."

합격 통보를 받은 직장의 입사를 미뤄 두고, 그는 가본 적도 없는 미지의 세계를 향해 떠나기로 했다. 자동차를 끌고 아시아 대륙을 횡단한 뒤 바다를 건너 또 다른 신대륙으로 몇 개월간 여행을 떠나자는 그의 제안에 깜짝 놀랄 만도 한데 아내는 흔쾌히 동조했다.

"그럼 내일부터 당장 준비를 시작해야겠네. 포드사에는 내일 연락할 거야? 나는 언제쯤 사표를 낼까?"

그렇게 그는 다음 날 포드사를 방문해 1년만 입사를 미뤄 주면 안 되겠냐는 '어이없는 요청'을 한 것이었다.

얼마 뒤, 놀랍게도 포드사에서는 그를 위해 1년간 자리를 비워둘 테니 1년 뒤 꼭 입사하라는 편지를 보내 왔다. 그의 이력도 이력이었지만, 감히 입사를 1년이나 미루겠다고 말한 그의 담대함을 높이 산 듯했다. 그리고 몇 주가 지난 뒤, 그들 부부는 65파운드를 주고 짙은 청색의 낡은 미니밴 한 대를 샀다. 짐칸에 텐트와 취사 장비, 인스턴트 음식과 자동차 수리용 부품 등을 가득 싣고 거기에 아직 '모든 것이 미정'인 불안한 두 사람의 미래까지 잔뜩 실은 채 영국을 출발해 유럽 대륙을 가로질러 아시아 대륙으로의 기나긴 여행을 시작했다.

안정적인 삶, 거의 모든 사람들이 그에 따라 살고 있는 인생의 상식을 버려둔 채 모두가 말리는, 그리고 누가 봐도 무모하게 느껴지는 여행을 떠난 그들은 6개월간 이루 말할 수 없는 고생을 한 뒤 계획한 대로 오스트레일리아 시드니의 한 해변 선착장에 도착했다. 그러는 동안 그들 수중에는 단돈 27센트밖에 남지 않았다. 물론 출발할 때부터도 얼마 없던 돈이긴 했지만. 미니밴은 여행 경비 마련을 위해 이미 아프가니스탄에서 팔아치운 지 오래였다.

그들은 그곳에서 카메라를 전당포에 잡혀 받은 돈으로 하루하루를 버티며 일자리를 구해 돈을 모은 뒤 또다시 미지의 세상을 향해 떠났다. 고향에서 하루라도 빨리 그들이 돌아오기만을 기다리던 부모와 친구들은 그런 그들 부부에게 두 손 두 발 다 들고 말았다. 하지만 그들은 개의치 않고 새로운 세상으로의 여정을 계속했다.

그리고 몇 년 뒤.

그들 부부는 자신들이 여행하면서 경험했던 일과 현지에서 들었던 유용한 정보들을 모아 자신들과 같은 용감한 배낭여행객들에게 꼭 필요한 여행 안내서를 만들었다.

부부의 이름은 모린 휠러 Maureen Wheeler 와 토니 휠러 Tony Wheeler 다. 그리고 그들 부부 둘이서 만들다가 지금은 500여 명의 직원과 350여 명의 여행 전문 작가가 함께 만들며, 전 세계적으로 연간 700만 부 이상이 팔린 그 여행 안내서의 이름은 『론리 플래닛』이다. 지금은 너무 유명해서 영어사전에까지 등재되어 있는 세계 최고의 여행 가이드북이다.

후회 없는 삶을 위한 메시지

계획하지 않은 여행은

정해진 삶의 규칙을 헝클어뜨리고,

보다 현실적인 일에 투자할 시간을 빼앗아 가버리며,

안정과 평온이라는 우리가 소중하게 지키고 싶은 가치를

파괴하기도 합니다.

하지만 때로 그런 여행은 현실에서 맛보기 어려운 색다른 경험으로

우리의 고정관념을 깨뜨리고,

평상시에 느끼기 어려운 극심한 고통으로

우리의 인내심을 시험에 들게 하며,

일상에서 만나기 어려운 생소한 사람들을 통해

우리의 인생에 대해 다시 생각하게 만들어 줍니다.

그래서 우리가 인생에서 꿈꾸는 많은 극적인 순간들,

오래도록 기다리는 절묘한 반전의 기회들,

꼭 내 것으로 하고 싶어 하는 놀라운 행운들은

대부분 그런 여행을 떠나 본 사람들의 눈에만 보입니다.

혹은 최소한 그런 여행을 열정적으로 꿈꾸는 사람에게도, 조금.

사람으로만, 사랑으로만
하루 살기

"카롤린, 카롤린……."

그 말을 끝으로 그는 차가운 마룻바닥 위로 쓰러져버리고 말았다. 이마는 열로 펄펄 끓었고 온몸에서 흐르는 식은땀이 그의 속옷은 물론, 겉옷까지 흥건히 적시고 있었다.

함께 살고 있던 어머니가 때마침 발견하지 못했다면 그는 그대로 목숨을 잃을 수도 있었다. 침실로 옮겨져 왕진을 온 의사의 응급조치를 받은 이후로도 그는 계속해서 한 여자의 이름만을 되뇌었다.

"카롤린, 카롤린……."

그녀는 그가 가르치는 피아노 교습생이었다. 하지만 그와 동시에 그가 온 목숨을 바쳐서라도 함께하고 싶은 사랑하는 여인이기도 했다.

그는 원래 유명한 피아니스트였다. 궁정의 집사로 근무하면서도 음악에 대한 꿈을 버리지 못해, 아마추어 음악가로 활동했던 아버지의 적극적인 권유와 지원 덕분에 그는 어린 시절부터 피아노 앞에 앉을 수 있었다. 당대 유명한 좋은 스승들에게서 가르침을 받았던 그는 다른 데에는 신경 쓰지 않고 오로지 음악에만 몰입할 수 있었다.

그랬던 그가 생계를 위해 피아노 교습을 할 수밖에 없게 된 데는 이유가 있었다. 큰 후원자였던 아버지의 갑작스러운 죽음 때문이었다. 그는 가족의 생계를 책임져야만 했다.

다행인 것은 당시 그가 살고 있던 파리의 사교계에는 그의 피아노 실력에 대한 명성이 자자했다는 것이다. 그는 그런 명성과 실제 실력을 바탕으로 어렵지 않게 교습생들을 충분히 모을 수 있었다.

카롤린 역시 그런 교습생 중 한 명이었다.

그녀를 처음 본 순간 그는 번개라도 맞은 것처럼 온몸에 전율을 느꼈다. 그녀는 매우 아름다웠다. 단순히 외적으로 보이는 모습만이 아름다운 것이 아니었다. 몸 전체에 흐르는 우아한 기품과 세상에 없는 천상의 악기가 만들어 내는 음처럼 영롱한 목소리, 맑고 순수하면서도 때로는 열정과 흥분이 담겨 있는 듯한 눈망울은 젊은 그의 마음을 사정없이 뒤흔들었다.

하지만 그녀의 집에서 교습이 이뤄지다 보니 항상 두 사람을 감시의 눈으로 바라보던 카롤린의 어머니 때문에 서로의 마음을 주고받기가 쉽지 않았다. 하지만 그녀의 어머니가 세상을 떠나자 두 사람을 감시할 사람은 아무도 없었다. 오히려 그녀는 어머니를 잃었다는 상실감에 피아노 교사이던 그에게 더욱 의지했다. 두 사람은 피아노 한 대를 사이에 두고 아름다운 사랑의 감정을 꽃피웠다.

하지만 두 사람의 신분 차이가 문제였다. 비록 그가 사교계에서 유명한 피아니스트이자 인기 있는 피아노 교사이기는 했지만, 어찌되었든 그는 보잘것없는 평민 출신이었다. 반면 그녀의 아버지는 백작 작위를 갖고 있는 최상류층 신분으로 당시 프랑스의 왕이었던 샤를 10세 행정부에서 재무장관을 맡고 있었다.

카롤린의 숙모에게서 두 사람이 연인 사이라는 이야기를 전해들은 그녀의 아버지는 노발대발하며 당장 피아노 교습을 그만두도록 했다. 뿐만 아니라 두 사람이 다시는 만나지 못하도록 카롤린에게 감시자까지 붙였다.

결국 그는 자신보다 더 힘겨워하는 카롤린을 염려해 그녀와 헤어지기로 결심했다. 슬픔과 상실감 탓인지 그렇게 마음먹은 그날 저녁부터 조금씩 앓기 시작하더니, 다음 날이 되자 이렇게 아예 자리에 누워버리게 된 것이다.

처음에는 그도 독하게 그녀를 잊어 보고자 했다. 하지만 이내 성공할 수 없으리라는 것을 깨달은 그는 차라리 그런 자신의 감정과 슬픔을 감추려고도, 아닌 척 부정하려고도 하지 않았다. 오히려 그 감정을 있는 그대로 받아들였다. 그녀를 처음 만났을 때의 그 감정, 그리고 그녀와 나눴던 따스한 진심이 담긴 이야기들, 그 외에도 남겨진 많은 추억들을 기억하려고 했다.

그는 그런 것들에 담긴 아름다운 사랑의 추억과 감정들을 잊을 수 없는 삶의 한 부분인 양 깊게 더 깊게 자신의 삶과 영혼 속으로 스며들도록 했다. 그러느라 그는 하고 있던 피아노 교습도 모두 그만둘 수밖에 없었다. 피아노 공연 역시 모두 취소했다. 대신 1년의 시간 동안 그는 정말 진실한 마음으로 그와 그녀 그리고 둘 사이의 사랑의 감정에 대해 인간이 취할 수 있는 가장 깊이 있는 자세로 관조했다.

그리고 그렇게 1년이 지났을 무렵, 예전보다 더욱더 단단한 마음과 깊이 있는 생각과 사려 깊은 이해심을 지니게 된 그는 그간 미뤄 놓았던 연주회 일정을 다시 잡고, 아직까지 본격적으로 하지 않았던 작곡 활동을 시작했다. 이전보다 훨씬 성숙해진 그의 등장에 유럽의 음악계는 열광했다. 그가 공연을 하는 날이면 인근의 귀부인들이 꽃을 들고 몰려가, 장갑을 벗어 집어 던지고는 코트 자락을 양 옆으로 리드미컬하게 젖힌 뒤 자리에 앉아 격정적으로 건반을 치는 그의 연주 모습 하나하나에 환호를 보냈다.

그뿐이 아니었다. 그가 자신의 사랑에 대한 추억과 상실감으로 입은 깊은 상처의 감정 등을 생생하게 실어 작곡한 음악은 당시 유럽의 젊은이들에게 큰 감동을 주었다.

슬픈 사랑에 상처받았지만 그는 그녀를 잊지도, 부정하지도 않은 채 있는 그대로를 받아들이고 그 사랑과 실연을 통해 자신의 예술혼을 다시 불살랐다.

그의 이름은, 100년도 더 지난 지금까지 세계 역사상 최고의 피아니스트 중 한 명으로 또는 가장 위대한 클래식 작곡가 중의 한 사람으로 남아 있다.

사랑의 슬픔에 가슴 시린 감정을 건반과 오선지 위에 옮겨 놓은 이 드라마틱한 주인공은 지금도 여성 클래식 팬들의 가장 큰 사랑을 받는 위대한 음악가 '리스트Franz Liszt'이다.

세상의 모든 바위가 다이아몬드로 이뤄져 있다면,
지금 당신 손가락의 그 다이아반지는
결코 제 값을 받을 수 없었을 것입니다.

세상의 모든 사랑이 다 이뤄졌다면,
당신 옆에 있는 사랑이 결코 다른 인연과
달라 보이지 않았을 것입니다.
지금 당신 옆의 사랑은,
다른 수많은 이들의 슬픔으로 더 빛나는 인연이고
지금 당신이 헤어진 사랑은,
당신에게 찾아올 또 다른 인연을 더 소중하게 해줄
고마운 사람일지도 모릅니다.
결국 문제는 그리고 해답은 역시 당신입니다.

한 박자 늦게 가기

"그만 포기하지? 자네 나이가 올해 도대체 몇 살인가?"

"그래. 자네 나이면 벌써 이 바닥에서는 거장으로 활약하고 있어야 하는데, 이제 겨우 주목받는 신예 정도가 되어서 어쩌려고 그러나?"

"그냥 학생들 가르치는 거나 더 신경 써서 종신 교수 자리나 노리라고."

절친한 친구들이 진심으로 해주는 충고였지만, 그는 건성으로 듣는 둥 마는 둥하고 자기 앞에 놓인 캔버스를 뚫어지게 노려보았다. 이제 막 구상이 떠오르려는 중이었다.

그는 뉴욕 토박이였다. 뉴욕에서 태어나 대학은 오하이오 주립대학으로 진학했지만, 학업을 마친 뒤에는 다시 뉴욕으로 돌아와 작품 활동을 했다. 당시 대중 예술의 중심으로 떠오른 뉴욕에서 화가로서 성공하기 위해 많은 노력을 했지만, 가족이 생기자 화가 생활만으로는 생계가 어려웠다. 그래서 그는 온타리오 호수 연안의 항구 도시 오스위고에 있는 뉴욕 주립대학교에서 학생들을 가르치는 일을 겸하고 있었다. 하지만 그의 관심은 오로지 뉴욕 화랑가, 더 나아가 미국 화단에 화려하게 데뷔하는 것이었다. 그런 그에게 가까운 친구들이 찾아와 충고를 한 것이다.

그도 그럴 것이, 올해로 30대 중반이 넘어섰음에도 불구하고 그는 아직 단 한 차례의 개인전조차 열지 못한 처지였다. 대부분의 스타 화가들이나 거장들은 20대 중후반이면 벌써 화려하게 화단에 등장해 언론의 스포트라이트를 받는다. 그 유명세 덕에 엄청난 가격에 작품을 팔아 그를 바탕으로 더 거창한 작업실을 꾸미고, 그곳을 일종의 트렌드를 만들어 내는 곳으로 활용해 다시 언론의 더 큰 관심을 받고, 그러면서 유명세를 지속적으로 높여가던 당시의 풍조로 보면 그는 이미 별 가망이 안 보이는 혹은 친구들 말대로 딴 일거리를 알아 봐야 하는 처지였다.

그러나 그는 실망하거나 포기하지 않았다. 오히려 초기에 카우보이나 원주민 인디언들을 현대적인 화풍으로 그리던 것을 바꿔 표현주의 추상화 기법을 사용하는 변신을 시도했다. 화가가 자신의 화풍이나 기법을 바꾼다는 것이 얼마나 큰 모험이고 많은 노력을 수반해야 하는지를 잘 아는 주변 사람들은 그의 변화에 우려와 함께 격려의 박수를 보냈지만, 대부분의 사람들은 "다 늙어서 이도 저도 안 되니까 발악을 한다"는 식의 냉소를 보냈다. 하지만 그는 꿋꿋이 최선을 다해 그림을 그리고 또 그렸다.

그러던 어느 날이었다. 그는 자신의 아들에게 선물로 줄 게 없을까 고민하다가 아들이 좋아하는 미키마우스를 직접 그려 주기로 했다. 이 그림은 나중에 〈이것 봐 미키_Look Mickey_〉라는 제목이 붙게 된다. 이 그림에서 그는 모티브가 된 미키마우스의 만화적 느낌을 그대로 살리기 위해 원색의 물감을 사용하고 아예 그림에 만화에서 사용하는 말풍선을 그려 넣고 그 위에 실제 대사까지 적었다. 게다가 정말로 인쇄 만화처럼 보이고자 하는 욕심에서였는지, 그는 그림을 그리는 방식을 인쇄물을 확대하면 보이는 점(화소)으로 대상을 표현하는 방식을 택했다. 어찌 보면 어린아이의 장난과도 같은 그 그림을 아들은 정말로 좋아했다. 그런데 그 그림을 좋아한 것은 그의 아들만이 아니었다.

1961년, 일반인에게 이 그림이 공개되자마자 대중들은 삽시간에 그의 그림에 열광했다. 복잡하고 혼란스러운 사회상과 대조되는 가볍고 유쾌한 대중문화의 등장, 무거운 사회 참여와 비현실적인 도피가 공존했던 그 시절에 화가가 그린 만화 같은 그림은 묘한 반항을 불러 일으켰다.

그리고 그 이듬해, 그가 그토록 오랜 시간 기다리던 개인전을 뉴욕 카스텔리 갤러리에서 연다는 소식이 알려지자마자, 전시회가 개막하기도 전에 출품된 작품이 유력 수집가들에게 모조리 팔려나가는 보기 드문 일이 벌어졌다. 이후 1968년, 그는 미국 작가로서는 최초로 런던에 위치한 테이트 미술관에서 전시회를 갖는 등 화가로서 최고의 전성기를 구가했다.

조금은 늦었지만 꾸준히 자기만의 길을 갔던 그는 모던아트를 상징하는 20세기의 위대한 작가 반열에 올라설 수 있었다.

우리에게는 모 재벌 회장 부인의 소장품 목록에 포함되어 더욱 유명세를 치렀던 〈행복한 눈물 *Happy Tears*〉이라는 작품을 그린 화가로, 앤디 워홀, 키스 헤링과 더불어 위대한 팝아트 작가로 추앙받는 로이 리히텐슈타인 Roy Lichtenstein 이 바로 이 극적인 이야기의 주인공이다.

후회 없는 삶을 위한 메시지

가장 훌륭한 시는 아직 쓰이지 않았다.

가장 아름다운 노래는 아직 불리지 않았다.

최고의 나날은 아직 살지 않은 날들.

가장 넓은 바다는 아직 항해되지 않았고

가장 먼 여행은 아직 끝나지 않았다.

불멸의 춤은 아직 추어지지 않았으며

가장 빛나는 별은 아직 발견되지 않은 별.

무엇을 해야 할지 더 이상 알 수 없을 때

그때 비로소 진정한 무엇을 할 수 있다.

어느 길로 가야할지 더 이상 알 수 없을 때,

그때가 비로소 진정한 여행의 시작이다.

−나짐 히크메트Nazim Hikmet, 『진정한 여행』

여러 우물 파보기

유태계였던 아버지와 독일계였던 어머니는 그가 열 살이 되자 트럼펫을 선물로 사주었다. 그는 시간이 날 때마다 방안에 틀어박혀 아버지의 재즈 음반을 턴테이블에 걸어 놓고 그 음악에 맞춰 자신이 마치 유명 재즈 콰르텟Jazz Quartet(콰르텟은 4중주단을 일컫는 말로, 재즈 콰르텟은 일반적으로 드럼과 피아노, 관악기와 베이스로 이뤄진다)의 멤버라도 된 것처럼 한껏 폼을 잡으며 어설픈 연주를 했다. 그러다 하루 이틀이 지나자 점점 스피커에서 흘러나오는 음악에 맞춰 화음을 넣거나 즉흥적인 독주를 할 수 있을 정도가 됐다. 실력에 자신이 생긴 그는 학교 친구들과 의기투합해 재즈 콰르텟을 만들고, 녹음기기까지 구해 자신들의 연주를 녹음해 어설프지만 음반을 취입하기도 했다. 밴드를 하면서부터는 베이스 기타를 연주하기 시작했다.

그뿐만이 아니었다. 클래식에도 심취했던 그는 바이올린 연주도 수준급이었으며 작곡에도 관심을 보였다. 스무 살 무렵이던 1966년에는 자신이 결성한 악단을 이끌고 유럽 순회공연을 떠날 계획을 세우기도 했으며, 대학에 진학한 뒤 4년 동안은 히피와 에스닉 문화가 미국 전역을 휩쓸던 시대적 특성상 인도 전통악기에 푹 빠져 살기도 했다. 함께 음악을 하던 친구들은 그를 일컬어 "음악의 모든 것을 할 줄 알지만, 그 중 어느 것 하나 특출 나진 못한 친구"라고 비꼬며 놀려댔다. 하지만 그는 묵묵히 자신의 관심이 가는 모든 분야에 대해 놀라운 호기심을 발휘해 직접 배우고 익히는 것을 즐겼다.

그러던 어느 날이었다. 연습을 하기 위해 밴드를 데리고 스튜디오에 들른 그는 연주할 준비는 하지 않고 지난번 연습을 녹음한 테이프를 매만지는 음향 기사를 바라보고 있었다.

"이봐, 악기 세팅 안 하고 뭐해? 연습 안 할 거야?"

동료가 악기를 손질하며 그에게 채근했다. 하지만 그는 대꾸도 하지 않고 무언가 골똘히 생각하며 지난번에 녹음한 음악이 흘러나오는 음향 기기와 콘솔에 앉아 시스템을 매만지는 기사를 계속해서 바라볼 뿐이었다.

"엉망이군."

첫 번째 음악이 끝났을 무렵, 그의 입에서 튀어나온 소리에 연습 준비를 하던 동료들은 물론 음향 기사도 그의 얼굴을 쳐다보았다.

"완전 잡음투성이잖아."

뒤이어 들리는 그의 이야기에 음향 기사는 자신이 녹음한 음악에 대해 그가 '엉망'이라고 했다는 사실을 알고는 불평을 털어 놓았다.

"이봐, 이 정도면 LA에서는 최고 수준이라고. 바로 눈앞에서 직접 악기를 연주하는 게 아니고 녹음했다가 트는 건데 당연히 원음과는 다를 수밖에!"

하지만 그는 지지 않고 조목조목 따졌다.

"그렇지만 이건 마이크 믹서를 조금만 매만지거나 프리앰프들을 조금만 조절해도 충분히 나아지게 만들 수 있을 것 같은데요, 아닌가요?"

그 말에 자존심이 상한 기사가 집으로 가버리는 바람에, 결국 그날은 연습을 제대로 진행할 수 없었다. 대신 그때부터 그에게는 또 다른 관심사가 생겼다. 그것은 바로 음악의 녹음과 재생 설비에 대한 것이었다. 그는 기존에 나와 있는 기성품의 음향 기기와 과거 방식에 따라 그를 세팅하고 운영하는 음향 기사들의 구닥다리 방법에 의존해서는 원음과 같은 음악은커녕 더 이상 나은 음악을 녹음할 수도 들을 수도 없을 것이라고 생각했다. 그는 결국 자신이 직접 음향 시스템을 개발하기 시작했다.

전자공학을 전공한 동료들을 데려다가 숙식을 같이 하다시피하며 그가 꿈꿔오던 소리, 원음과 거의 똑같은 재생음을 만들어 내는 음향 기기 만들기에 도전했다.

사람들은 그런 그의 모습을 보며 입을 모았다.

"또 새로운 데 정신이 팔렸군."

"이 악기 저 악기 전전하다가 이제는 음향 기기까지 손대는 건가?"

"도대체 하나를 진득하게 하는 법이 없는 녀석이야."

하지만 사람들의 핀잔에도 그는 개의치 않았다. 늘 세상 모든 것에 호기심을 갖고, 한번 마음 먹으면 반드시 접해 보고 시도해 봐야 직성이 풀리는 자신의 성격이 옳다고 그는 확신했다.

그렇게 작업에 매진한 지 얼마 안 가 그는 몇 개의 프리앰프들을 만들어 냈다. 그리고 그로부터 약 1년이 더 지났을 때, 지금까지도 그 탁월함을 인정받고 있는 프리앰프의 전설적인 명작인 'LNP-2'라는 제품을 탄생시켰다.

현악기, 관악기, 타악기를 가리지 않고 여러 가지 악기를 섭렵했던 경험 탓에 그는 각각의 악기 소리들의 특성과 그를 최대한 살릴 수 있는 방법에 대해 훤히 알고 있었다. 또한 재즈는 물론 클래식과 팝음악 분야에서 두루 활동했던 까닭에 그는 각각의 무대에서 가장 완벽한 음향을 만들어 내려면 음향 기기들이 어떤 부분에 더 신경을 쓰고 보완해야 하는지도 잘 알고 있었다. 결국 이것저것 관심이 가는 분야에 대해서는 여러 우물을 팠던 그의 경험이 그에게 보다 큰 성공을 가져다 준 셈이었다.

그는 자신이 만들어 낸 제품들을 기반으로 고가의 명품 오디오를 뜻하는 '하이 엔드High-End 오디오'를 만드는 회사를 설립해 회사에 자신의 이름을 붙였다.

그와 그의 회사는, 이제는 최고의 오디오를 꿈꾸는 사람들이라면 한 번씩 들어 봤을 이름, 세계의 모든 오디오 마니아들이 평생에 단 한 번만이라도 만나 보거나 그도 아니면 그가 만든 제품이라도 소유해 봤으면 하는 꿈을 꾸게 하는 이름, 이름 그 자체로 최고의 오디오를 상징하는 이름이 됐다.

이미 그 이름을 눈치 챈 사람들도 많을 것이다. 그 이름은 바로 '마크 레빈슨Mark Levinson'이다.

대부분의 경우 한 우물을 파는 것이

여러 개의 우물을 파는 것보다

무언가를 이루고 성공에 다가갈 확률을 조금 더 높여 주지만

때로는 자기 자신이 원하는 방향에 따라

여기저기 우물을 파보는 것이

생각지도 못한 극적인 성공을 가져다 주기도 합니다.

단, 한 가지 조건이 있습니다.

여러 개의 우물을 파되

비슷한 지역에서,

최선을 다해,

그 하나하나의 우물마다 끝을 보겠다는 생각으로 파야 합니다.

아니면 그들은 모두

그저 여러 개의 쓸모없는 구덩이에 지나지 않습니다.

늘 하던 습관
하나만 고치기

"시첩 선생!"

"……."

"시 선생! 이건 안 됩니다."

"……."

"우리 도시 전체 공무원이 몇 명인데, 그중에 2000명이면……."

"……."

여러 명의 사람들이 벌써 오랜 시간 동안 한 사내의 주위에 둘러앉아 그를 만류하고 있었다. 하지만 가운데 앉은 풍채 좋은 젊은 사내는 대답도, 미동도 하지 않았다.

시진핑<ruby>習近平</ruby>.

20년 뒤, 중국의 최고지도자로 거론될 이 거물의 전설은 인구 300만 명 정도의 변방 도시인 푸젠<ruby>福建</ruby> 성 닝더<ruby>寧德</ruby> 시의 당서기 관사에서 이렇게 시작됐다.

1988년 시진핑이 당서기로 부임할 당시 닝더 시의 상황은 최악이었다. 당시 시의 재원은 바닥이 나서 거리는 치우지 않은 쓰레기로 넘쳐났고 제대로 된 공장 하나 변변히 없었음에도 공무원과 당간부들은 동부 해안의 여느 부자 도시 공직자들보다 더 부유한 삶을 누리고 있었다. 중앙 정부의 감시와 감독이 닿지 않는 틈을 타서 시의 공금을 개인적으로 유용하거나 횡령하는 사례가 빈번했고, 권한을 남용해 개인적인 사리사욕을 채우는 사례가 만연하고 있었다. 문제는 누구도 그런 사실을 부끄러워하거나 고쳐야 한다고 생각하지 않는다는 것이었다.

그런 닝더 시에 30대의 젊은 당간부가 부임하자 관공서와 당의 노회한 원로들은 쾌재를 불렀다. 새로 부임한 당서기가 고위공직자의 자제들로 구성된 '태자당' 출신 부잣집 도련님이라니, 대충 구워삶으면 몇 년간 경력이나 쌓다가 상하이나 베이징의 중앙 공직으로 돌아갈 것이라는 판단에서였다.

그런데 새로 부임한 이 '부잣집 도련님' 젊은 당서기는 그들의 예상과 전혀 다르게 움직였다. 명절이면 중앙당 간부를 찾아 인사를 드리거나 찾아오는 손님을 맞아 정치적 입지를 다지던 전임 당서기들과 달리, 시진핑은 부임한 뒤 처음으로 맞는 설날에 닝더 시 외곽에 있는 쓰레기

매립장을 찾아갔다. 그리고는 땅을 파고 쓰레기 묻는 작업을 하고 있던 노동자 한 명 한 명의 손을 맞잡고 따듯한 차를 권하며 명절 인사를 건네는 것이었다. 여기까지만 해도 여론을 의식한 '쇼'라고 생각하는 이들이 많았다. 하지만 그의 파격적인 행보는 계속됐다. 설날 오후가 되자 이번에는 누구도 들르고 싶어 하지 않는 공동묘지의 화장장에 들러 시체를 태우는 화로 노동자에게 차를 건네고 두 손을 맞잡으며 "열심히 하라"고 격려했다. 이 모습이 닝더 시민들에게 알려지자 시민들은 오랜만에 '진짜 관료' '진짜 당간부'를 만나게 되었다며 환호했다.

하지만 그 환호의 소리가 높아질수록 기존 공무원과 당간부들의 불만도 높아만 갔다.

"젊은 사람이 너무 앞서가는데."

"닝더 시는 지난 수십 년간 우리가 애써서 이만큼 일궈 온 곳인데, 갓 부임한 당서기가 이래라 저래라 한다는 게 말이 돼?"

"이제까지 해오던 대로 잘하고 있었구만, 새로 온 당서기는 도대체 무슨 생각인 거야?"

시진핑이 공무원과 당간부들의 그런 반응을 모르는 것은 아니었다. 하지만 '그런 불평들을 고려해 이제까지 해오던 대로 좋은 게 좋은 거라는 식으로 나간다면 닝더 시의 미래는, 아니 중국의 미래는 더 이상 없다'는 것이 그의 생각이었다. 그러던 어느 날 시진핑이 기다리던 기회가 찾아왔다.

닝더 시는 중국 변방의 소도시라고 하지만 그거야 베이징이나 상하이와 같은 세계적으로도 유명한 대도시들과 비교했을 때 이야기지, 닝더 시 자체로만 보면 인구가 300만이 넘는 푸젠 성의 주요 도시 중 하나였다. 게다가 산업화, 상업화의 급속한 진행으로 도시 규모는 나날이 팽창해 도로와 하수, 주택 건설이 시 운영의 가장 큰 고민이자 화두가 되고 있었다.

그런데 문제는 시의 공무원들이 건설 특히, 주택 건설과 관련한 법과 규정을 다루는 데 있어서 친분관계에 따라 또는 과거의 관례에 따라 자기 마음대로 적용하는 것이 습성화 되어 있다는 것이었다. 어떤 공무원은 자신의 먼 친척 아저씨가 4층 건물의 증축을 신청하자 3층 이상 증축이 불가능한 지역임에도 불구하고 관련 규정을 엉뚱하게 적용해 오히려 5층 높이로 허가를 내주었다. 또 다른 공무원은 1m 깊이로 파도록 되어 있는 하수관 건설을 감독하며 하수관의 가장 윗부분이 아닌 가장 낮은 부분이 1m 이상의 깊이면 된다고 자기 마음대로 법을 해석했다. 그렇게 함으로써 하수관을 직경 30cm를 제외하고 나머지 70cm 정도만 묻었음에도 모두 적법하게 공사가 되었다며 허가를 내준 것이다. 이런 사례는 한두 가지가 아니었다. 그런 불법, 배임, 비리, 근무 태만 등을 저지른 직원들의 숫자를 파악해 보니 놀랍게도 2000명이 넘었다.

처음 젊은 당서기가 건축 담당 공무원들의 비위 사실을 조사해 보라고 했을 때 당과 시의 간부들은 시진핑이 잠깐 그러고 말 것으로 예상했다. 과거 정권 교체기에 권력자들에게 잘 보이려는 당서기나 혹은 중앙 무대로의 진출을 꿈꾸던 당서기들이 그랬던 것처럼 시진핑 역시 조사는 거창하게 벌리고 대신 적발된 사람들은 경중을 가려 한두 명 본보기로 처벌할 것으로 예상했던 것이다. 그러나 시진핑이 적발된 2000여 명 모두를 해고 등 중징계에 처하겠다고 하자, 오늘과 같이 집단적으로 반발한 것이다.

그도 알고 있었다.

2000여 명의 공무원들이 모두 뇌물을 받았다거나, 자신의 사리사욕을 위해 규정을 어기고 주택 건설을 허가해 주었거나, 법규에 어긋나게 지은 건축물에 대한 철거나 과징금 부과를 막아 준 것은 아니라는 것을. 그중에 일부만이 진짜로 불법을 저지르려는 마음을 먹고 부정한 돈을 받거나 사리사욕을 공무보다 앞세웠을 것이고, 나머지 상당수의 공무원들은 "그저 선배들도 다 그렇게 해왔으니까……"라거나 "우리 지역에서는 다 이렇게 하는 거니까……"라며 별 죄책감 없이 규정과 법규를 어겼으리라는 것을.

그리고 만약 여기서 자신이 2000여 명이나 되는 주택 건설 관련 공무원들을 규정에 따라 냉정하게 처벌한다면 그들과 그들의 가족, 이제껏 그들 덕분에 규정을 어기면서도 집을 짓고 건물을 올릴 수 있었던 수많은 사람들이 자신에게 등을 돌려 악담을 퍼붓고, 헛된 루머와 비난으로 이름을 더럽히려는 시도를 할 수도 있다는 것을.

때문에 사람들은 그가 시끄럽게 일을 벌이기는 했지만 결국은 자신의 안위와 명성을 위해 흐지부지 마무리해버릴 것이라고 예상했다.

하지만 얼마 뒤 그들의 예상은 정확하게 어긋났다. 시진핑, 그는 여기서 다시 또 본보기로 몇 명만 처벌하고 다른 나머지는 그대로 용서한다면 다시는 닝더 시의, 더 나아가 푸젠 성과 중국의 미래는 없을 것이라고 생각했다. 이런 작은 습관, 관행 하나 단절시키지 못한다면 숱하게 남아 있는 중국의 발전을 가로막는 것들 또한 절대로 제거하지 못하리라는 것을 너무나 잘 알고 있었다.

단 한 번의 용서와 타협으로 사람들의 헛된 인기를 얻느니 그는 과감하게 잘못된 습관, 관행과의 단절을 시도했다. 그런 그의 결단으로 무려 2000명이 넘는 닝더 시 건축 관련 공무원들이 옷을 벗거나 지방의 작은 마을로 쫓겨날 수밖에 없었다. 그리고 그들을 옹호했던 수많은 고위 공직자들도 그 잘못의 경중에 따라 정치적인 지위나 관료로서의 직책을 박탈당했다.

예상한 대로 그들의 반발은 거셌다. 세상 물정 모르는 고위관료의 아들인 '태자'가 지방 정부의 실상도 모르고 무지막지하게 권력의 칼을 들고 까불었다며 엄청난 비난을 퍼부었다. 하지만 시진핑은 그들의 비난에 일일이 답하기보다는 묵묵히 자신이 생각했던 개혁 정책을 펴 나갔다.

얼마의 시간이 지난 뒤, 닝더 시는 중국 내에서 가장 깨끗한 공직자들이 규정과 법규에 맞게 일하는 체계적인 도시로 거듭나기 시작했다. 마구잡이로 개발되던 구시가가 정부의 계획에 맞춰 깔끔하게 변모하기 시작했고, 저마다 조금이라도 더 높이, 더 넓게 집을 짓기 위해 부정적인 방법을 사용한 터라 삐뚤빼뚤 엉망이던 도로와 스카이라인이 완벽하진 않지만 어느 정도 질서를 찾아갔다. 그제야 사람들은 시진핑이 옳았다며 엄지손가락을 치켜세웠다.

결국 닝더 시에서의 활약을 바탕으로 시진핑은 단순히 '은수저를 물고 태어난' 엄친아에서 정치와 행정을 아는 차기 지도자 후보 중 한 명으로 급부상할 수 있었다.

후회 없는 삶을 위한 메시지

"습관의 쇠사슬은 거의 느끼지 못할 만큼 가늘다.

그러나 그것을 깨달았을 때는

끊을 수 없을 정도로 이미 굵고 단단해져 있다."

미국의 36대 대통령인 린든 존슨이 한 이야기입니다.

그는 나쁜 습관은 미리 끊고,

좋은 습관은 끊을 수 없이 굵고 단단해지도록,

그리고 오랫동안 몸에 배도록 노력했다고 합니다.

그렇게 만들어진 좋은 습관들이

텍사스 시골 고등학교 교사였던 그를

미합중국의 대통령으로 만들었습니다.

세상 사람들 모두가 발견 못할 정도로

당연한 듯 여기는 잘못된 습관 하나만 끊어 보세요.

그 하나가 어쩌면 당신을

위대한 인물로 만들어 줄지도 모릅니다.

'불가능'은 기회의 또 다른 이름이다

할 수 없다고, 하지 말아야 한다고
세상이 단정 지은 것들에 과감히 도전할 때,
당신의 삶이 바뀐다.

좋아하는 일을 하는 게
아니라, 하는 일을 좋아하기

그 무렵만 하더라도 내 머리 속에는 온통 '이놈의 회사 언제 그만둘까? 이놈의 샐러리맨 신세 언제 끝내지? 하는 생각만이 가득했다.

새롭게 회사에서 맡게 된 일이라는 것이 도무지 마음에 들지 않았다.

팀 내에서 제법 중견 위치에 있었음에도 불구하고 나에게는 밑으로 들어온 여자 후배보다도 훨씬 더 보잘것없어 보이는 일이 주어졌다. 그뿐이 아니었다. 사소한 것일 수도 있겠지만 사무실 자리 배치마저도 궁색한 이유를 들어 대학을 갓 졸업하고 아무 경력 없이 입사한 신입 여자 후배가 가장 상석에, 나이도 훨씬 많고 장교로 군복무를 해서 3년 정도의 경력이 있었으며 이 회사에 입사한 기간도 2년쯤 더 많은 고참인 나는 그보다 말석에 앉게 됐다. 같은 대학 동창인 팀장과 여자 후배는 수시로 서로의 책상을 오가며 학교 다니던 시절 단골집이나 학교생활에 얽힌 기억들을 되새기며 시시덕거렸고, 그 여자 후배와 동기임에도 불구하고 엄청나게 차별을 받는 '편애의 희생양'이었던 다른 여자 후배와 나는 철저한 소외감에 시달려야 했다.

그러던 어느 날, 당시 내가 맡았던 일 중 하나는 사보 편집이었다. 고작 8쪽 정도의 지면에 200부 남짓 발간하는 미니 사보였는데, 직원들이 즐겨 보는 것도 아니었고 팀장이 업무 성과에 하나 추가하기 위해 만들어 낸 일이었다. 나 또한 크게 흥미를 느끼지 못하는 업무였다.

그렇게 아무런 의욕 없이 매달 사보를 찍어 내던 어느 날 나는 그만 대형 사고를 치고 말았다. 3월호라서 표지에 3월의 영어 표기인 'March'가 찍혔어야 했는데, 무슨 생각에서였는지 '화성'을 뜻하는 'Mars'를 적어서 인쇄소에 보내버린 것이었다. 보통 인쇄소에서는 그렇게 오면 오타를 고쳐서 다시 보내 주곤 했었는데, 다들 귀신에 씌었는지 인쇄소에서도 마지막 시안에 'Mars'라고 적은 그대로 보냈고, 난 다시 그것을 확정해서 인쇄에 들어가도 좋다고 주문을 넣고 말았다. 결국 며칠 뒤 받아 본 사보에는 '3월호' 밑에 떡하니 'Mars'라고 찍혀 있었다.

하지만 처음에는 크게 문제가 되지 않았다. '3월호'라는 한글이 크게 적혀 있고 'Mars'는 그 밑에 보일까 말까 하게 작은 글씨로 쓰여 있었으며, 변명처럼 들릴 수도 있겠지만 March의 어원 역시 'Mars'에서 유래한 것이었기 때문이다.

과거 로마에서 전쟁은 보통 3월에 많이 시작되었기에 3월의 이름을 전쟁의 신인 '마르스Mars'에서 따서 붙였다는 것이 정설이었다. 때문에 처음 사무실에서 오타를 발견했을 때도 크게 문제가 되지 않는 분위기였다.

그런데 문제는 당시 팀장과 같은 여자로서 묘한 경쟁관계에 있던 다른 과장님이 그 오타를 농담거리로 삼으면서 시작됐다. 그녀의 농담에 자존심이 상한 팀장은 불같이 화를 내며 당장 오타를 수정해서 다시 찍어 오라며 노발대발 화를 냈다.

연락을 했더니 인쇄소에서는 보통 그런 경우 'March'라고 적은 스티커를 만들어서 'Mars' 위에 붙이는 간단한 방법을 쓴다며, 스티커는 무료로 한 시간 이내에 만들어 주겠다고 했다. 하지만 이미 자존심이 상할 대로 상한 팀장은 쓸데없는 소리 하지 말고 "다시 새로 만들어 오라"며 펄펄 뛰었다. 다시 인쇄소에 전화를 했더니 작업은 가능하지만, 그에 따른 비용은 우리 쪽에서 지불해야 한다고 했다. 그도 그럴 것이 인쇄에 들어가도 좋다고 최종 확인을 해준 것은 바로 나였기 때문이다. 게다가 이미 인쇄기에 다른 고객이 주문한 작업이 들어가 있어서 자정이나 되어야 우리 사보를 다시 찍을 수 있다는 설명이었다. 별 수 없이 내 사비로 인쇄비용을 물기로 하고 철야 작업에 들어갔다.

그런 끝에 새벽 무렵 'March'가 선명하게 찍힌 새 사보를 받아 볼 수 있었다. 내 한 달치 월급이 거의 다 들어간 사보를. 멍하니 새벽하늘을 바라보던 내 모습이 측은해 보였던지 인쇄소 사장님이 술이나 한잔 하자고 했다. 우리 둘은 충무로 인쇄 골목의 어느 24시간 해장국 집에서 따로국밥 두 그릇을 시켜 놓고 소주잔을 비우기 시작했다.

"신 대리님, 속상하지요?"

"아니에요, 사장님. 확인 못한 제 책임이죠, 뭘."

"에휴, 세상 사는 게 다 그래요. 다 먹고 살려고 하는 일이지. 누가 좋아서 일하는 사람 있나요. 좋아서 일하는 사람 하나도 없어요."

"……."

별 말 없는 술자리는 이후 내가 "그럼 이만 집에 가서 씻고 출근해야겠다"며 자리를 털고 일어날 때까지 계속 됐다.

그리고 그날 이후로 내 머리 속은 '이놈의 회사 언제 그만둘까? 이놈의 샐러리맨 신세 언제 끝낼까?' 하는 생각으로 가득했다. 내가 다니는 회사, 속한 팀, 하고 있는 일들을 좋아하게 될 날은 영원히 찾아오지 않을 것이라는 생각이 들었다.

그해는 설날(구정)이 웬일로 2월 하순 무렵이었다. 머리가 복잡했던 나는 아무런 생각 없이 적금 하나를 깨서 설 연휴가 시작되기 전날 심야에 출발하는 뉴욕행 비행기에 몸을 실었다.

뉴욕에 가서도 별로 할 일은 없었다. 유명한 관광지들은 이전에 배낭여행 길에 이미 다 보았던 것들이고, 무엇보다도 머릿속에 온통 '언제 그만 둘까?' 하는 생각만 가득했기에 뉴욕의 화려한 풍경도 브로드웨이의 멋진 공연도 눈에 들어오지 않았다.

그렇게 여행이 3일째 접어들던 날, 그날 한국은 설날이었지만 미국은 그저 평범한 토요일이었다. 휴일을 맞아 머리를 좀 식히기 위해 숙소에서부터 유니언 스퀘어^{Union Square}까지 걸어서 가기로 했다. 걷기에는 조금 먼 거리였지만, 계속해서 '어떻게 그만둘까? 언제 그만두지? 사표는 뭐라고 쓸까?' 이런 생각들을 하다 보니 어느덧 유니언 스퀘어였다.

유니언 스퀘어는 미국의 노예를 해방시킨 위대한 대통령 에이브러햄 링컨, 독립의 아버지 조지 워싱턴 장군, 프랑스인이면서도 미국의 독립전쟁에 참여해 혁혁한 공을 세운 질베르 뒤 모티에 드 라파예트 장군의 동상 등으로 둘러싸여 있는 고풍스러운 광장이었다. 하지만 당시의 유니언 스퀘어는 매주 월, 수, 금 그리고 토요일에 농민들이 자신이 직접 재배한 과일이나 채소 그리고 유가공 식품과 각종 식자재 등을 가져다 파는 '파머스 마켓^{Farmer's Market}'이 열리는 것으로도 유명했다. 나 역시 유니언 스퀘어 자체보다는 그 시장을 구경하기 위해 그곳에 갔다.

유니언 스퀘어의 파머스 마켓은 그 명성만큼이나 많은 노점상과 식료품을 사기 위해 나온 시민들로 발 디딜 틈이 없었다. 그런데 그 가운데서도 유독 눈에 띄게 많은 사람들로 붐비는 곳이 있었다. 그런데 신기한 것은 단순히 그곳에 사람만 많은 것이 아니라, 그들 중 대부분이 카메라를 들고 무언가를, 정확히는 누군가를 찍으려고 한바탕 북새통을 치르고 있는 것이었다.

개중에는 미국 내 다른 지방은 물론, 유럽, 아시아 등에서 온 관광객들도 있다. 그들은 무언가 정말로 신기하고 귀한 것을 봤다는 표정으로 쉴 새 없이 떠들며 서로 포즈를 취하고 누군가를 배경으로 기념사진을 찍느라 정신이 없었다.

'누구일까?'

사람들의 시선과 카메라 렌즈의 초점이 하나로 합쳐지는 그곳에는 한 노인이 앉아 있었다. 그의 왼손에는 감자와 사과가 오른손에는 요상하게 생긴 물건 하나가 들려 있었다.

"자, 한 개 사면 5달러, 다섯 개 사면 20달러에 드립니다!"

"스위스에서 만든 명품 감자 깎기가 단돈 5달러!"

노인은 기구를 이용해 감자 껍질을 까는 시범을 보이며 물건을 파는데 여념이 없었다. 그의 상술 덕분인지 감자 깎기는 말 그대로 '날개 돋친 듯' 팔려 나갔다. 심지어 이런 물건이 별로 필요하지 않을 듯한 관광객들도 하나씩 사는가 하면, 어떤 이는 친구들에게 선물하겠다며 다섯개, 열 개씩 사기도 했다. 그리고는 공통적으로 밟는 코스가 감자 깎기를 들고 그것을 파는 노인과 기념사진 한 컷을 찍는 것이었다. 도대체 감자 깎기를 파는 노인의 정체가 궁금했다. 외모만 보아서는 특이할 것이 없었다. 노점상치고는 눈에 띄게 단정하게 차려 입었다는 것 정도? 윤기 나는 쓰리피스 정장에 밝은 실크 넥타이를 맨 모습이 인상적이기는 했지만, 우리나라 종로4가에만 가도 그렇게 양복을 멀끔히 차려 입고 '부도 회사 물품, 눈물의 땡 처리' 등을 운운하며 물건을 파는 사람들을 심심찮게 볼 수 있었으므로, 그 차려 입은 옷매무새가 답을 주지는 못했다. 그런데 그 답은 점심식사를 하기 위해 들른 인근 레스토랑에서 쉽게 찾을 수 있었다.

기념 삼아 나도 하나 구입한 감자 깎기와 뉴욕 가이드북을 테이블 위에 올려 두고 메뉴를 고르고 있는데, 주문을 받으러 온 웨이터가 그 감자 깎기를 보더니 빙그레 웃으며 이렇게 말하는 것이었다.

"여기 또 조에게 5달러를 헌납하신 분이 계시는 군요."

"아, 그 노점상 노인 이름이 조인가요?"

"정확히는 조셉이죠. 세계에서 가장 부유한 노점상, 조셉 아데스 Joseph Ades가 그의 이름이죠. 그래 보여도 그가 입고 있는 옷들은 모두 최고급 명품 슈트라고요. 그의 집은 파크애비뉴 근처에 있는 고급 아파트구요."

나는 깜짝 놀라서 웨이터를 붙잡고 그에 대해 물었다. 웨이터는 나와 같은 사람이 많았었는지 그의 인생에 대해 막힘없이 술술 털어놓았다.

'세계에서 가장 부유한 노점상' 조셉 아데스는 원래 영국 사람이었다고 한다. 홀어머니 슬하의 7남매 중 막내로 태어난 그는 어려서부터 자기 스스로 직접 먹거리를 해결하지 않으면 안 되는 어려운 가정 형편에도 불구하고 늘 밝고 씩씩하게 성장했다. 그가 처음 시작한 장사는 제2차 세계대전이 끝나고 여기저기서 쏟아져 나온 고물들을 손질해서 파는 것이었다. 그를 통해 제법 목돈을 손에 쥐게 된 그는 이번에는 크리스마스 장식들을 사다 파는 사업을 했다. 장사는 제법 쏠쏠했지만, 그동안 세 번의 결혼에 실패하는 등 개인적인 여러 시련을 겪어야만 했다. 오스트레일리아로 잠시 거처를 옮겼다가 1980년대 미국으로 오게 된 그는 그때부터 본격적으로 노점상을 시작했는데, 어찌나 장사 수완이 좋은지 얼마 안 있어 뉴욕은 물론 미국 전체에서 유명세를 떨치는 인물이 되었다고 한다.

특히 그가 폭발적인 유명세를 타게 된 데는 노점상이라는 직업과 어울리지 않는 그의 화려한 배경이 한몫 했다. 맨해튼 중심가에 자신 소유의 아파트를 갖고 있었으며, 그가 입고 있는 옷들은 '입는 롤스로이스'라는 별명으로 유명한 체스터베리라는 양복점에서 만든 수백만 원을 호가하는 정장들이었다. 그리고 한 끼에 수십만 원을 호가하는 피에르 호텔의 레스토랑에서 아내와 식사를 하는 모습이 사람들에게종종 목격면서부터 더욱 유명세를 타게 되었다고 한다. 무엇보다도 그가 보잘것없는 노점상만으로 그런 생활이 가능하고도 남을 만큼 엄청난 수익을 올린다는 것이 사람들의 호기심을 끌었다.

나 역시 '아무리 돈이 몰려 있는 뉴욕에서라고 하지만 어떻게 노점상을 해서 수십 억대를 호가하는 파크애비뉴의 아파트와 명품 슈트 그리고 호화로운 생활을 영위할 수 있을 만한 돈을 벌 수 있는 거지?'라고 생각하며 무척이나 신기해했지만, 그런 생각은 이내 사라졌고 어느덧 여행 마지막 날이 됐다.

여행의 최종 여정은 당시 뉴욕 최대의 서점인 반스앤노블을 방문하는 것이었다. 한국에 아직 들어오지 않았거나, 앞으로 들어올 리 없어 보이는 책 몇 권을 사서 계산을 하기 위해 줄을 섰는데, 문득 계산대 바로 앞 판매대 위에 놓인 주간지의 표지가 눈에 들어왔다.

그였다. 바로 조셉 아데스.

나는 반가운 마음에 그 잡지까지 얼른 집어 들고 계산을 했다. 그리고 호텔에 잠시 들러 짐을 찾은 뒤 그날 저녁 한국으로 돌아오는 비행기에 몸을 실었다.

한국행 비행기에 몸을 싣고서야 도착한 다음날이면 다시 출근을 해야 하고 똑같은 상황에서, 보잘것없는 자리에 앉아, 보잘것없을 뿐더러 하기도 싫은 일을 하며 짜증나는 하루하루를 보내야 한다는 현실이 떠올랐다. 다시 머릿속으로 온통 '이놈의 회사 언제 그만둘까? 이놈의 샐러리맨 신세 언제 끝낼까?' 하는 생각이 밀려 왔다. 나는 머리를 흔들며 비행기 안에서 읽으려고 빼두었던 책들을 이리저리 들춰 보았다. 조셉 아데스가 표지 인물로 실린 잡지도 함께 있었다. 별 생각 없이 책장을 넘기는데 순간, 나는 감히 신라시대 원효대사가 해골 물을 마셨다는 것을 알았을 때의 심정이 이런 것이었겠지 하는 생각이 들 만한 일을 경험했다.

잡지에는 기자가 '세계에서 가장 성공한 노점상' 조셉 아데스의 하루 24시간을 따라다니면서 보고 들은 내용을 적은 다큐 기사가 실려 있었다. 기사의 말미에는 조셉 아데스의 말이 이렇게 쓰여 있었다.

"행복의 비밀은 좋아하는 일을 하는 것이 아니라, 자신이 하는 일을 좋아하는 것이랍니다. 그렇게만 된다면 노점상을 하건, 대통령을 하건 똑같이 행복한 삶을 살 수 있고, 그 일에서 성공할 수도 있습니다. 나는 노점상이지만 세계에서 가장 부유하고, 성공했고, 유명하며, 행복하기까지 한 노점상입니다."

나는 충격에 휩싸여 그 문장을 몇 번이고 읽고 또 읽었다. 마치 깨달음을 얻은 원효대사가 다시 신라로 돌아오면서 그를 몇 번이고 또 곱씹었으리라 생각하며.

그로부터 이틀 뒤, 여전히 나는 똑같은 자리에 앉아, 똑같은 일을 하고 있었다. 하지만 분명히 다른 사람이었고, 다르게 일 처리를 하고 있었다.

시키지 않아도 사보의 내용과 편집 방향에 대한 리뉴얼에 착수했고, 업무와 관련해 학습 스케줄을 짜고 한동안 접어 두었던 공부도 다시 시작했다.

그리고 그로부터 2년 뒤. 나의 첫 책이 출간되었고, 다시 그로부터 정확히 1년 뒤 나는 많은 사람들 앞에서 강연을 하고 있었다. 성공적인 직장생활의 비결에 대해.

후회 없는 삶을 위한 메시지

평생을 좋아하는 일만 하는 것보다 더 어려운 것이
어쩔 수 없이 하게 된 현재의 일을
진심으로 좋아하는 것이랍니다.

왜냐하면
대부분의 그런 일들이
남들이 하기 싫어하거나
윗사람이 하기에는 보잘것없거나
후배들이 하기에는 힘들고 어려워서
나에게 온 일들이기 때문입니다.

하지만
이 세상을 살아감에 있어서
승진, 성공, 발탁, 좋은 평가와 평판을
얻게 되는 대부분의 경우는
당신이 '어떤 일을' '어느 위치에서' 했느냐보다는,
그 일을 '어떤 자세로' '얼마나 좋아하며' '열정과 성의를 다해서'
했느냐에 달려 있습니다.

평생을 찾을 수 있을지 없을지 모르는
'좋아하는 일'을 찾는 데 허비하시렵니까?

지금 당장 마음을 바꿔 '하고 있는 일'을 좋아하고,
그로부터 성과를 내 또 다른 일을 맡아
다시 그로부터 성공을 향해 달려 나가는
보다 현실적인 방법을 택하시렵니까?

대부분의 역사적인 드라마는 우리에게
'후자'가 옳다고 말해 주고 있네요.

모르는 사람에게 연락하기

30대 중반의 한 사내가 독일 쾨니히스베르크(현재 러시아의 칼리닌그라드) 대학 교정을 터덜터덜 걸어 나왔다. 그의 왼손에는 여러 권의 두꺼운 전공 서적이 담긴 가죽가방이, 오른손에는 바람이라도 불면 휙 날아갈 것처럼 얇은 서류 봉투가 들려 있었다.

덥수룩한 수염에 두꺼운 뿔테 안경을 낀 그는 어깨가 구부정하고 목이 잔뜩 움츠러들어 있었지만 눈빛만큼은 형형하게 살아 있었다. 가는 길에 우연히 만난 몇몇 학생이 그에게 인사를 했다. 하지만 그는 무언가 골똘히 생각하느라 인사를 채 받아 주지 못했다.

그의 걸음은 어느새 한 은행 앞에 멈춰 있었다. 그는 은행 문을 열고 들어가, 여러 해 동안 얼굴을 익혀 친숙한 40대 후반의 은행가에게 준비한 서류를 내밀었다. 상대방은 그가 내민 서류들을 몇 장 들춰 보지도 않고는 벌써 질린 표정을 지었다. 그도 그럴 것이 일반적으로 은행에 대출을 상담하러 오는 사람들에 비해 수십 배나 꼼꼼하게 서류를 준비했기 때문이었다. 그는 두말할 것 없이 대출 허가 도장을 찍어 줄 수밖에 없었다. 그가 준비해 온 서류는 은행원인 자신이 보기에도 토를 달 수 없을 정도로 완벽했기 때문이었다.

그랬다. 그는 늘 완벽함을 추구했다. 대출 서류 한 장을 꾸밀 때나, 우주의 탄생과 발전을 언급하는 거창한 내용의 논문을 쓸 때나 항상 똑같이.

주위 사람들은 그를 '연구에 미친 사람' '논문에 갇혀 사는 이' '공부 중독자' 등으로 불렀다. 일부는 그의 성실함과 천재성에 찬사를 보내며 붙여 준 별명이었지만, 대부분은 연구실에만 틀어박혀 사는 그를 비아냥거리기 위해 붙인 별명이었다.

그만큼 그는 연구에 미쳐 있었다. 얼마나 닥치는 대로 논문을 읽었던지, 학교에는 그가 '수영에 관한 논문만 읽고 수영을 하러 갔다가 물에 빠져 죽을 뻔했다더라'는 유머 아닌 유머가 퍼져 있을 정도였다. 그렇게 열심히 연구를 했기에 그의 학문적 완성도는 날이 갈수록 그 깊이를 더했다. 하지만 학문적 깊이에 비해 그의 명성, 그리고 그에 따라 붙어야 할 금전적 안정감은 부족하기 이를 데 없었다.

당시 최고의 찬사를 받는 학설과 관련해 새로운 엄청난 연구 결과를 완성했다고 자부했지만, 그의 주변에는 아무도 그를 알아주는 사람이 없었다. 아니 가장 문제는 '제대로 그 내용을 이해할 수 있는' 사람조차 없다는 것이었다.

어느 늦은 밤. 이날 역시 연구실이 있는 건물의 불을 끄고 맨 마지막으로 퇴근을 하던 그는, 굳은 결심 하나를 했다.

'이대로 내 학설을 묻히게 하고 말 것인가? 지금 제대로 인정받지 못하면 앞으로도 영원히 나는 이곳에 처박혀 수업에 별 관심도 없는 멍청한 녀석들에게 일반 물리학을 가르치느라 인생을 허비하고 있을 것이다.'

거기까지 생각이 미치자 그는 다시 연구실로 돌아가 불을 켰다.

'편지를 쓰자.'

편지를 쓰기로 했다. 그 사람이라면 논문의 내용을 완벽하게 이해하고 이 논문이 담고 있는 내용의 가치를 제대로 인정해 줄 수 있을 것이라는 생각이 들었다. 이 세상에 '그' 정도 되는 천재여야만이 자신이 작성한 논문과 그 안에 담긴 학설을 제대로 해석할 수 있으리라는 생각에서였다. 그래서 그는 자신의 논문 요약본과 그에 대한 간단한 설명을 담은 편지를 써서 '그'에게 보내기로 했다.

하지만 가장 중요한 문제가 있었다. 낡고 군데군데 부서져 삐걱거리는 책상에 앉아 편지를 쓰려다 문득, 자신이 '그'와 전혀 모르는 사이라는 사실이 떠올랐다. 물론 그는 '그'를 알고 있었지만, 아니 물리학과 별 상관이 없는 전 세계의 사람들도 대부분 '그'를 알고 있었지만 '그'

는 그를 모를 것이었다.

그는 다시금 고민에 빠졌다. 그의 성격상 일면식도 없는 사람에게 편지를 쓴다는 것은 있을 수 없는 일이었다. 종이와 펜과 잉크를 앞에 두고 기나긴 고민의 시간이 계속됐다.

'나는 그를 안다. 그는 나를 모른다. 내 편지는 그에게 전해지지도 못한 채 그의 비서나 조교들에 의해 개봉될 것이다. 그리고 온갖 놀림거리가 된 채 쓰레기통에 버려질 것이다.'

그런 생각이 들자, 그는 고개를 절레절레 흔들며 다시 책상을 정리하고 집에나 가야겠다고 생각했다.

그때였다. 그의 눈에 대충 끈으로 묶은 그의 논문 자료가 들어왔다. 우리가 살고 있는 시공간이 3차원이 아닌 4차원 혹은 그 이상의 차원으로 구성되어 있다고 봐야 하고, 그렇게 봐야만 설명이 되는 여러 현상과 이론들이 존재한다는 것을 밝힌 논문이었다. 고작 3차원의 세상에서 발생하는 일들도 제대로 이해하지 못하는 사람들에게 5차원에 대한 이야기는 '공상 소설에나 나올 법한' 허황된 이야기로밖에 들리지 않았다. 당연히 그의 논문은 사람들의 웃음거리가 됐다.

'내 논문을 버려지게 놔둘 수는 없어.'

다시 생각을 바꿔 먹은 그는 용기를 내어 편지의 첫 문장을 적었다. 평생을 하지 않던 일을 하려니 손이 떨리고 얼굴이 화끈거렸다. 하지만 그는 굳게 마음먹고 자신의 논문에 대한 설명과 개인적 견해를 담아 그에 대한 평가와 다른 학자들에게 논문의 학설을 소개해 줄 수 있는지를 요청하는 내용의 글을 적었다.

그리고 얼마의 시간이 지난 후, 그에게 한 통의 편지가 왔다.

편지의 첫 문장은 이렇게 시작됐다.

"친애하는 테오도르 칼루자 선생께."

그리고 편지의 마지막 문장은 이렇게 쓰여 있었다.

"경애하는 앨버트 아인슈타인으로부터."

이상이, 지금은 전 세계 물리학도들이 달달 외우고 있을 그 유명한 학설인 '칼루자-클라인 이론Kaluza-Klein Theory'이 사장될 뻔하다가 드라마틱하게 소생된 이야기이다. 한 소심한 학자가 '알지도 못하는' 대 학자에게 용기를 내어 역사적인 편지 한 통을 보냈고, 이는 곧 세계 물리학계를 한바탕 논란에 휩싸이게 한 대형 사건으로 기록됐다.

후회 없는 삶을 위한 메시지

간단하게
세상은 당신이 아는 사람과 당신이 모르는 사람,
딱 이 두 부류의 사람들로 이뤄져 있습니다.

안타까운 것은,
한 부류가 다른 한 부류보다
최소한 1200만 배는 더 많다는 것입니다.

'부끄러우니까.'
'귀찮으니까.'

당신이 다른 한 부류와의 소통에 주저할 때,
당신은 당신의 인생을 극적으로 만들 확률을
정확히 1200만 배 줄어들게 만드는 중입니다.

다 큰 남자라도
눈물 흘리기

1965년 8월 9일.

촬영 중임을 알리는 카메라의 빨간 불빛 여러 개가 그의 눈에 들어왔다. 하지만 그는 더 이상 말을 잇지 못했다.

무슨 말인가 하려고 했지만 목구멍 저 깊은 곳에서부터 솟아오르는 분노와 슬픔과 두려움과 걱정으로 범벅된 울음 탓에 준비한 원고를 읽을 수가 없었다. 하지만 그만 우는 것이 아니었다. 그런 그를 만류하고 조언을 해주어야 할 참모들과 관료들은 물론 카메라를 잡고 있는 카메라 감독들까지도 어깨가 들썩일 정도로 흐느꼈다. 어쩌면 그날 TV와 라디오를 통해 생방송으로 그의 연설을 보거나 듣고 있던 전 국민이 모두 눈물을 흘렸을 것이다.

'모두가 두려웠기 때문이다.'

그들이 살고 있는 땅은 아열대의 조그마한 섬이었다. 북쪽으로 나 있는 다리 하나만 끊어지면 바닷길을 통해 다른 나라를 오가야 하는 완전히 고립된 섬이었다.

게다가 섬 남쪽 바다는 과거부터 보물을 실은 선박들이 수도 없이 오고가는 천혜의 뱃길이긴 했지만, 덕분에 전 세계의 해적들이 집결하는 무시무시한 바다이기도 했다. 그뿐인가? 비록 꽤 먼 바닷길을 가야 하긴 하지만 수억 명이나 되는 인구가 살고 있는 북태평양의 거대한 섬나라인 인도네시아는 대륙으로 진출할 수 있는 창구로 활용하기 위해 호시탐탐 그들을 침략할 기회를 노리고 있었다.

하지만 그들 나라에는 이런 해적들이나 인도네시아로부터 자신들의 터전을 지킬 만한 병력이 없었다. 그렇다고 이렇다 할 지하자원이 있는 것도 아니었다. 땅은 척박했고, 수시로 내리는 스콜은 그나마 조금씩 자라고 있는 작물들을 휩쓸어 가버리기 일쑤였다.

살고 있는 사람들 역시 변변찮기는 마찬가지였다. 원래부터 이 섬나라에 살던 원주민들은 거의 없고, 먹고살 일거리를 찾기 위해 저 먼 중국이나 인도로부터 몰려든 여러 민족의 사람들로 구성된 국민들은 시도 때도 없이 사사건건 대립하고 다투고 서로 죽이지 못해 안달이었다.

게다가 가장 중요한 것은, 섬나라 특성상 이 나라에는 물이 없었다.

국민들이 먹고 마시고 씻을 물을 이 섬에서는 구할 수 없었다. 이 모든 것을 오로지 북쪽에 있는, 그리고 한때 같은 영연방 국가였던 말레이시아로부터 구해와야만 했다.

다행인지 불행인지는 모르겠지만, 한때 이 지역 대부분을 식민지로 삼았던 영국 덕분에 그들은 독립을 한 뒤에도 '말레이 연방'이라는 연방제 국가로 묶여 그들의 보호를 받을 수 있었다.

태평양전쟁 시절 영국을 대신해 일본과 수많은 전투를 치른 경험을 가지고 있는 말레이시아의 강력한 군사력과 그 뒤에 여전히 버티고 있는 영국군의 힘을 빌려 포악한 해적과 강한 군사력의 인도네시아 군대에 맞설 수 있었으며, 말레이시아 남부의 풍부한 물을 거대한 파이프를 통해 공급받을 수 있었고, 말레이시아의 다양한 지하자원과 작물들 그리고 넘쳐나는 노동력을 활용할 수 있었다.

덕분에 그들은 참으로 열심히 일했다. 악착같이 벌었고, 번 돈은 결코 허투루 쓰는 법 없이 저축을 하거나 산업에 투자했다. 날씨가 너무 더워 국민들이 일을 안 하고 게을러진다는 이야기가 있자, 말레이시아로부터 사들인 값싼 전기를 동력으로 사람들이 많이 모여 일을 하거나 공부를 하는 공간에는 무조건 에어컨을 설치했다. 사람들 입에서 "추워서 못 살겠다"는 소리가 들릴 정도로 냉방 장치를 가동하고 대신 그 안에서는 절대 게으름을 피우지 못하게 했다.

비록 과거 '해가 지지 않는 나라, 대영제국'의 풍모는 잃었지만, 그래도 여전히 세계 몇 손 안에 드는 강대국이었던 영국의 자본과 기술을 도입하기 위해 많은 반대에도 불구하고 영어를 공용화하고 영국식 사회 시스템을 도입했다. 그런 노력의 결과 그들은 영국 식민지에서 해방된 지 얼마 지나지 않아 가장 빠른 속도로 성장하는 나라가 될 수 있었다.

하지만 그런 그들의 놀라운 성장을 질투어린 시선으로 바라보는 이들이 있었다. 바로 그들의 북쪽에서 때로는 바람막이가 되어 주고, 때로는 자원의 공급처가 되어 주고, 때로는 인력을 제공해 주기도 했던 같은 말레이 연방 소속 국가인 말레이시아였다.

'아시아의 유태인'이라고도 불리는 중국 객가客家족 출신이 상당수를 차지하던 그들이 빠르게 성장해 말레이 연방 전체 자본 시장을 점령해 가는 것을 눈에 가시처럼 여기던 말레이시아 국민들과 정부 수뇌부들은 작은 몇 가지 사건을 빌미로 그들을 말레이 연방에서 탈퇴해 별개의 독립 국가로 나가도록 압박했다. 그들에게 말레이 연방으로부터의 독립은 그간 그들을 지탱해 주던 수많은 것들을 일시에 잃는 것을 의미했다.

이제 그들은 말레이 연방 국회의 분리 결정으로 물과 자원, 인력과 군사력 등 하나의 국가가 생존하기 위해 필요한 거의 모든 것들이 한 순간에 없어져버린 현실 앞에 놓이게 됐다. 국가의 최고지도자로 나라를 다스리고 국민들을 보호해야 하는 그로서는 국민들을 상대로 이같은 현실을 설명해야 한다는 것이 그저 막막하고 비통할 뿐이었다. 그래서는 안 되는 줄 알지만, 어느새 참을 수 없는 눈물이 쏟아지고 말았다.

'아, 앞으로 이 나라를 어떻게 해야 한단 말인가?'

어른이, 그것도 한 나라를 다스리는 최고지도자가 많은 사람들 앞에서 눈물을 흘린다는 것이 부끄럽기도 했지만, 그렇더라도 모든 국민들 앞에 자신의 심정과 앞으로 그들이 직면하게 될 상황에 대해 솔직하게 털어 놓아야만 한다고 생각했다. 그는 20여 분간이나 눈물을 흘리며 이야기를 이어나갔다.

"저에게 지금은 더없이 고통스러운 순간입니다. 제 평생 동안 저는 우리와 말레이시아가 통합된 하나의 국가임을 믿어 의심치 않았습니다……."

그는 잠시 눈물이 흘러내리는 자신의 얼굴로 집중되어 있는 카메라를 바라보았다.

그 순간 전국의 모든 국민들, 그를 지지했거나 반대했던 모든 사람들, 그를 총리로 뽑았거나 그의 경쟁자에게 표를 던졌거나 상관없이 TV 수상기 앞에 앉은 모든 이들이 눈물을 흘리며 그의 얼굴에 집중했다. 그는 잠시 말을 멈췄다. 그리고는 결심이 섰다는 듯, 아직 눈물이 채 마르지 않은 얼굴로 단호하게 선언했다.

"자유와 독립은 인간의 양도할 수 없는 권리이므로 싱가포르 총리인 나 리콴유(李光耀)는 싱가포르 국민과 싱가포르 정부를 대표해 1965년 8월 9일 오늘부터 우리 싱가포르는 자유와 정의의 원칙 위에 세워진, 국민의 복지와 행복, 보다 평등한 사회를 추구하는 영원한 주권국가, 민주독립국가가 되었음을 선언합니다!"

그렇게 마흔 살의 어른인 한 남자의 눈물은 고립된 섬나라에 사는 여러 민족으로 구성된 나약한 국민들의 힘을 하나로 모았고, 그들은 이제 아시아는 물론 전 세계에서 가장 잘사는 부유한 나라 싱가포르의 국민이 됐다.

후회 없는 삶을 위한 메시지

어떤 이들은 말합니다.

남자는 평생 세 번만 눈물을 흘려야 한다고.

하지만

참고 참았던 남자의 진심이 담긴 눈물이

백 마디 웅변보다 더 큰 힘을 발휘할 때가 있습니다.

타인에 대한 배려와 진정성이 담긴 눈물,

가슴으로부터 우러나온 동정심이 담긴 눈물,

인간으로서의 솔직한 감동과 감정이 실린 눈물,

이런 눈물이라면 평생이 아니라

하루에 세 번을 흘려도 괜찮습니다.

이런 눈물이,

세상의 아픔과 허물을 씻어 내려

우리의 삶에 아름다운 드라마를 만들어 냅니다.

지금 우리가 신경 써야 할 것은,

'몇 번' 눈물을 흘리느냐가 아니라 '어떤' 눈물을 흘리느냐 입니다.

용서하지 못할 적을
용서하기

"악!"

외마디 비명과 함께 그는 쓰러졌다.

쓰러지면서 그가 움켜진 것은 무릎이나 발목이 아니었다.

운동선수가 부상을 당한다면 그게 신체의 어느 부위이건 치명적이지 않을 곳이 없겠지만, 축구선수라는 직업 특성상 1년에도 서너 번씩 무릎과 발목에 부상을 입어 왔다. 그런데도 하도 단련이 되어서인지 그다지 어렵지 않게 회복해 왔었다.

하지만 이번에는 달랐다. 그가 극심한 고통과 함께 움켜진 곳은 허리와 엉덩이가 연결되는 요추 부위였다.

고통의 강도도 달랐다. 보통의 선수들이 진짜 고통스러울 때 다친 부위를 붙잡고 대굴대굴 구르는 것과 달리, 그는 쓰러진 채 아예 꿈쩍도 하지 못했다. 몸을 조금이라도 움직일라치면 허리와 엉덩이를 중심으로 수만 볼트의 전기가 흐르는 것 같은 고통이 온 몸을 파고들었다.

극심한 고통에 그는 거의 정신을 잃을 정도였다. 이윽고 저 멀리서 당황한 팀 닥터가 응급 의료진을 향해 고함을 지르고, 들것을 든 경기 요원들이 황급하게 뛰어오는 모습이 보일 무렵 그는 실제인지 꿈인지 구분되지 않는 환상 속으로 빠져 들었다.

그는 축구밖에 모르는 사람이었다. 가난하기만 한 가정형편에 공부를 계속하고, 돈을 벌어 식구들을 먹여 살리고, 그 스스로 이름을 날리는 방법은 오로지 축구, 축구밖에 없었다. 그래서 축구에 방해가 된다 싶은 것들, 심지어 그 나이 때 청년이라면 해봄직한 많은 것들을 모두 포기했다. 남들이 운동장 열 바퀴를 뛸 때 그는 스무 바퀴를 뛰었고, 슈팅을 100번 할 때 그는 200번을 했다. 얼마나 훈련을 열심히 했으면, 그렇게 혹사하다가 컨디션을 망치기라도 할까 봐 감독이 트레이너를 시켜 단체 훈련이 끝난 뒤 남아서 개인 훈련을 하지 못하도록 감시할 정도였다.

먹는 것 역시 마찬가지였다. 담배는 물론 술 역시 입에도 대지 않았다. 다른 어떤 음식도 운동선수에게 좋지 않다는 이야기가 들리면 아무리 먹고 싶은 것이라도 그날 부로 딱 끊어버렸다. 어린 시절 가난한 형편에 잘 먹지 못해서 덩치 큰 선수들과의 몸싸움에서 밀린다 싶은 생각을 한 뒤로는 매 끼니마다 느끼한 스테이크를 무조건 2인분씩 꾸역꾸역 먹을 정도로 그는 독종이었다.

그렇게 해서 올라선 자리였다. 그가 영입될 무렵 독일 분데스리가는 세계 모든 축구선수들이라면 한 번쯤 뛰고 싶었던 꿈의 무대였다. 루메니게, 키건, 브리겔, 피셔, 한스 뮐러, 마테우스 등 전 세계 축구팬들로부터 추앙 받던 당대 슈퍼스타들이 모두 분데스리가에서 뛰고 있었다. 그런 분데스리가에서도 그는 발군의 실력을 발휘했다.

프랑크푸르트 팀으로 입단한 이듬해인 1979년에 그는 시즌 34게임 중 단 세 게임만 결장하며 꼬박 31게임에 출장해 열두 골을 기록했다. 이듬해에도 그의 활약은 멈출 줄을 몰랐다. 독일의 저명한 주간지인 《슈테른》으로부터 '세계 4대 떠오르는 인물' 중 한 사람으로 뽑혔다. 선정된 네 명 중 운동선수로는 그가 유일했다. 게다가 그가 소속된 프랑크푸르트 팀은 그해 UEFA컵 챔피언을 차지했고, UEFA컵 경기에서도 역시 그는 발군의 실력으로 열한 경기 모두 출장해 세 골이나 기록했다. 그렇다 보니 그에 대한 상대편 선수들의 견제는 치열하다 못해 심판이 보지 않는 곳에서는 거의 폭력 수준에 가까운 반칙을 하기 일쑤였다. 오죽했으면 그의 소속 팀 단장이 언론 인터뷰에서 "경기를 마친 뒤 유니폼을 벗은 그의 몸을 본 적이 있다. 그의 몸은 마치 제2차 세계대전 폭격을 맞은 것과 같았다. 같은 선수로서 어찌 상대에게 이처럼 가혹할 수 있단 말인가?"라며 분통을 터뜨릴 정도였다.

그것까지는 참을 수 있었다. 가장 큰 문제는 같은 팀의 선수들마저도 그를 은근히 질시하거나 따돌리려 한다는 것이었다. 주전 수비수 중 한 명이 경기장 밖에서의 방송 인터뷰 중 공공연히 그를 비난하는가 하면, 절호의 기회를 맞은 그에게 공을 패스하지 않고 다른 쪽으로 돌리느라 놓쳐버린 경우가 비일비재했다. 그럼에도 불구하고 그는 묵묵히 매 경기에 최선을 다하며 자신의 역할을 충실하게 해냈다.

들것에 옮겨져서 경기장 밖으로 실려 나오는 그의 눈에 한 선수의 모습이 보였다.

'유르겐 겔스돌프'

그에게 악의적인 백태클을 한 상대팀 바이엘 레버쿠젠의 수비수였다. 분노가 치솟을 것 같아 그는 차라리 눈을 감았다.

병원에 도착한 그에게 내려진 진단은 '제2 요추골 횡돌기부 골절'이었다. 한마디로 척추 뼈에 금이 간 상태였다. 이대로라면 선수 생활은 물론 정상인으로서의 생활도 걱정해야 할 정도로 심각한 부상이었다. 다시 한 번 그는 눈을 감았다. 이번에는 부상당한 부위의 고통이나 부상을 입힌 선수에 대한 분노 때문이 아니었다. 생계에 대한 고민 때문이었다. 아무리 스타급 선수로 발돋움했다고는 하지만 그때까지도 그는 경기를 뛰어야만 주급으로 돈을 받을 수 있었다. 부상 또는 재활을 이유로 장기간 경기를 뛸 수 없다는 이야기는 곧 긴 시간 동안 수입이 끊긴다는 이야기였다. 아직 어린 딸과 이제 막 태어난 둘째 아들 그리고 그 하나만 믿고 독일 땅까지 따라와 준 아내의 생계가 위태로워진다는 것이었다. 먼 독일 땅에서 그를 대신해 그들 가족을 보살펴 줄 사람은 없었다. 구단으로서도 재활과 정상적인 활약 여부가 확실치 않은 그를 위해 무조건 기다리며 아무런 대가 없이 돈을 줄 수도 없었다.

결국 병문안을 위해 방문한 구단 관계자는 그에게 고의적으로 위험한 백태클을 한 상대팀 선수를 법적으로 고발하는 방법을 제안했다. 정식으로 형사 고발을 한 뒤 치료비와 경기에 뛰지 못하는 기간에 대한 경기 수당 그리고 위자료 등을 청구하자는 것이었다. 마침 그날 경기를 본 프랑크푸르트 팬들을 중심으로 유르겐 겔스돌프에 대한 분노의 목소리가 커지고 있었고, 독일 축구협회 또한 고의성이 짙은 반칙에 대해 협회 자체의 징계는 물론 형사 처벌을 할 수 있도록 규정을 개정할 예정이라는 소문이 들려 왔다.

그는 감았던 눈을 오래도록 뜨지 못했다. 두 눈을 똑바로 뜨고 양 다리를 벌려 그의 다리를 아예 감싸 안듯이 밀고 들어오던 유르겐 겔스돌프의 모습이 떠올랐다. 공과 전혀 상관없는 위치에 서 있던 그의 발목과 발등을 축구화 바닥으로 슬쩍 짓밟고 가던 다른 팀 선수들의 모습도 떠올랐다. 같은 팀이면서 그가 상대 팀 태클에 걸려 넘어졌을 때 손 한번 잡아 주지 않던 선수들의 모습도 잠시 보였다.

그는 한참 동안이나 감고 있던 눈을 뜨며 조용히 입을 열었다.

"지금 유르겐도 많이 괴로워하겠죠?"

잠시 후, 병원 앞에 진을 치고 있던 기자들 앞으로 병실을 나온 프랑크푸르트 팀 관계자가 모습을 드러냈다. 기자들이 질문을 퍼부었다.

"상태가 어떻습니까? 수술을 할 예정입니까?"

"협회에 유르겐 겔스돌프 선수의 징계를 요청하기로 했습니까?"

"형사 고발이나 위자료 청구까지 할 예정인가요?"

질문 세례 속에서도 팀 관계자는 어떤 대답도 하지 않았다. 대신 메모지에 적어 온 짤막한 공식 입장만을 발표했다.

"증오가 아닌 용서의 중요성을 강조하는 기독교적 신념에 입각해, 유르겐 겔스돌프에 대한 형사 고발을 하지 않기로 했습니다."

다음 날, 그가 입원한 병원 관계자는 아침 일찍 병원 문을 열다가 깜짝 놀라고 말았다. 그의 쾌유를 빌며 팬들이 보낸 꽃다발과 꽃바구니가 산더미처럼 쌓여 있었기 때문이었다. 꽃을 보낸 사람들은 단순히 프랑크푸르트 팬만이 아니었다. 그를 그렇게 만들었던 당사자인 유르겐 겔스돌프가 뛰고 있는 레버쿠젠의 팬들은 물론, 독일 전역에서 그의 등번호와 함께 '사랑해요, 얼른 일어나세요'라고 쓴 카드와 꽃다발들이 물밀듯이 밀려들었다.

오랜 투병과 회복의 시간을 보낸 뒤 그가 다시 그라운드에 돌아왔을 때, 홈팀의 팬들은 물론 상대팀 선수와 상대팀을 응원하는 팬들조차 그에게 열광적인 박수와 환호를 보내 주었다. 자신에게 극심한 고통과 함께 최악의 시간을 보내도록 만든 상대방을 아무런 조건 없이 진심으로 용서한 그의 모습에 사람들은 깊이 감동했다.

그리고 그렇게 그는 '단순히 제법 공 좀 차는 이방인 선수'에서 같은 팀 동료 선수들로부터는 무한한 신뢰를, 상대팀 선수로부터도 존경을 받는 그런 선수의 반열에 올라서게 됐다. 그 뒤, 그는 2년간 매년 열 골

이상씩을 퍼부으며 리그 최고의 공격수로 각광받게 된다. 하지만 재정 난에 허덕이던 프랑크푸르트 팀은 그런 그를 감당할 수 없었다. 아스 피린 등 세계적인 약품을 생산하던 굴지의 제약사인 바이엘사의 막대 한 후원을 받고 있지만 리그 중하위권에서 벗어나지 못하던 레버쿠젠 이 어마어마한 금액에 그를 영입하기로 했다.

이적 첫날, 그는 새로 뛰게 될 경기장으로 갔다. 리그에서는 최고의 공격수였지만, 아무래도 모든 것이 어색하고 낯설기만 한 그는 쭈뼛쭈 뼛 레버쿠젠 선수들이 모두 모여 있는 그라운드 위로 향했다. 그때였 다. 팀 내 주축 수비수 한 명이 그에게 다가와 손을 내밀었다. 그도 바 로 얼굴을 알아보고 반갑게 손을 맞잡았다. '유르겐 겔스돌프'였다.

겔스돌프 덕분에 그날부터 그는 텃세 하나 없이 레버쿠젠 팀 선수들 의 신뢰를 듬뿍 받는 주전 공격수로 활약할 수 있었다.

당시 변방이던 한국에서 온 한 무명의 축구선수에서 세계 최고의 선 수들만이 뛴다는 독일 분데스리가의 존경받는 위대한 선수의 반열에 올라선 그. 지금도 분데스리가의 공격수들이 역사상 최고의 외국인 선 수로 꼽는 그. 독일에서의 애칭은 '차붐', 그리고 우리나라에서는 '차범 근'으로 불리는 이 사람이 바로 이 드라마틱한 용서와 성공 스토리의 주인공이다.

후회 없는 삶을 위한 메시지

풀잎 하나 자랄 수 없어 보이는 황무지에서

움을 틔운 꽃이 더 아름다워 보이듯,

불빛 하나 없는 칠흑 같은 어둠에서

작은 불빛 하나가 더 환하게 보이듯,

용서할 수 없는 사람을 용서할 때

그 감동은 나와 상대와 세상을 울립니다.

울립시다. 울리지 말아야 할 사람을,

그리고 세상을 많이 울리면 울릴수록

우리 주변을 둘러싼 그 수많은 아픔들도

함께 씻겨 내려갈 것입니다.

용서는 신이 당신에게 선사한 가장 가혹한,

그러면서도 가장 확실하게 절호의 기회를

잡을 수 있는 방법입니다.

나를 싫어하는 사람
감동시키기

"나는 죽을 것이다. 나는 죽을 것이다."

벌써 다섯 시간째였다. 육중한 몸매의 사내는 피아노 앞에 앉아서 몇 차례 건반을 두드리다가는 다시 고개를 숙이고 한숨을 내쉰 뒤 계속해서 혼잣말을 중얼거렸다.

"나는 죽을 것이다. 나는 결국 '그분께' 죽임을 당할 것이다."

실제로 그랬다. 그는 며칠 내로 죽임을 당할지 모르는 위기에 처해 있었다.

이야기는 5년 전으로 거슬러 올라간다.

원래 그가 나고 자라 음악을 배운 곳은 독일이었다. 천부적인 재능과 그에 못지않은 독한 근성을 타고났던지라, 음악계에 정식으로 데뷔한 지 얼마 지나지 않아 그는 당시 하노버 지방을 다스리던 게오르그 선제후의 악단에 지휘자로 발탁됐다. 그런 그에 대한 게오르그 선제후의 신임은 절대적이었다. 음악 활동에만 매진할 수 있도록 충분한 급여를 제공했고, 궁정에서 파티가 열리면 항상 악단을 전면에 내세워 연주를 시킨 뒤 찾아온 손님들이 그 음악에 감동받는 모습을 보는 것을 즐겼다. 물론 좋은 연주를 한 날에는 두둑한 보너스가 추가됐다.

하지만 그에게는 그런 선제후의 애정이 오히려 부담이었다. 평상시 하고 싶었던 작곡 활동에 더욱더 시간을 할애하고 싶었지만, 수시로 그를 불러 음악에 대한 이야기를 나누고 싶어 하고 궁정에서 열리는 모든 파티에서 항상 연주해 줄 것을 지시하는 선제후의 밑에서는 불가능한 일이었다. 고심하던 그는 어느 날 선제후를 홀로 알현하기를 청했다. 그리고는 어렵게 입을 열었다.

"폐하, 청이 하나 있습니다."

"악장이 원하는 게 있다고? 그래, 뭐지? 악사를 더 뽑아 달라는 겐가, 아니면 악기를 바꿔 달라는 겐가?"

선제후는 여전히 음악 이야기였다. 하지만 그는 고개를 가로 저으며 말했다.

"그게 아니라, 제게 휴가를 좀 주십시오."

조금은 의외의 이야기라 잠시 어리둥절했지만, 선제후는 이내 크게 웃음을 터뜨리며 말했다.

"악장은 어찌 그리 소심한가? 까짓 거 휴가 며칠 다녀오는 걸 가지고 그렇게 심각하게 이야기하는가? 염려 말고 다녀오라."

"그게 며칠짜리 휴가가 아니어서 이렇게 어렵게 여쭙습니다."

"며칠이 아니면, 몇 주?"

"1년입니다."

'1년'이라는 말에 선제후의 표정이 일순 굳어졌다. 공식 행사도 많고 무도회도 많은 궁정에서 악단을 이끌고 있는 악장이 1년간 휴가를 간다는 것은 사표를 내겠다는 것과 같은 말이었다. 양미간을 찡그린 채 잠시 생각에 빠져 있던 선제후가 어렵게 입을 열었다.

"여보게, 악장."

"예, 폐하."

"다녀오라."

"네?"

그는 믿기지 않아 다시 되물었다. 하지만 선제후는 농담을 하거나 빈 말을 하는 것이 아니었다.

"1년간 휴가를 다녀오고 싶다며? 다녀오라. 단, 조건이 있다."

"조건이라면……."

"1년간 휴가를 다녀오되, 반드시 다시 돌아오라. 다시 돌아와서 나의 악단을 다시 맡으라."

선제후가 얼마나 그를 아끼는지를 알 수 있는 대목이다. 그는 "그러겠습니다"라고 말하며 거듭 고개 숙여 감사를 표한 뒤 물러 나왔다. 그리고는 런던으로 향했다.

그곳에서 보낸 1년간의 휴가 기간 동안 그는 궁정악장으로 근무하며 하지 못했던 작곡 활동을 마음껏 하며 시간을 보냈다. 천부적인 재능에, 그간 모아 놓았던 수많은 아이디어에, 아무런 부담 없는 편안한 분위기까지 합쳐지자 그는 엄청난 작품들을 작곡해 내기 시작했다. 그의 명성은 이내 온 런던에 파다하게 퍼졌다. 하고 싶은 일을 하며 '최고의 작곡가'라는 명성을 얻은 그는 런던에서 행복한 나날을 보냈다. 하지만 선제후와 약속한 '1년'이라는 시간이 어느새 지나버리고 말았다. 그는 약속한 대로 하노버로 되돌아 올 수밖에 없었다. 하지만 되돌아 온 후에도 그의 머릿속에는 온통 런던의 공연장과 사교계, 자유로운 작곡 환경과 열광적인 관객들의 반응으로 가득했다. 그는 다시 선제후를 알현하기를 청했다. 선제후는 흔쾌히 그를 자신의 집무실로 불렀다.

"그래, 나를 보기를 원한다고?"

"예, 폐하께 청이 있습니다."

"하하, 이 사람 런던에 다녀오더니 아이디어가 샘솟나 보군. 그래 무슨 청이지? 악단을 어떻게 바꾸고 싶나? 내가 생각해도 악기가 조금 낡은 것 같은데, 그것부터 바꿀까?"

인자하게 웃는 선제후를 앞에 두고 그는 어렵게 입을 열었다.

"휴가를 좀 다녀오고 싶습니다."

'휴가를 다녀오겠다'는 그의 말에 이번에는 선제후의 얼굴에 불편한 기색이 역력하게 드러났다. 선제후는 조용히 물었다.

"그래, 얼마나?"

"모르겠습니다."

이전에 다녀온 1년간의 휴가도 궁정의 악단을 맡고 있는 악장에게는 터무니없을 만큼 긴 시간이었는데, 이번에는 아예 돌아올 기약도 하지 않고 떠나는 휴가를 보내 달라는 것이었다. 선제후도 어이가 없었는지 아무 말이 없었다. 그 역시 해고될 것을 감수하고 이야기를 꺼낸 것이었기에 들어 주지 않는다면 바로 선제후에게 사표를 낼 생각이었다. 하지만 선제후는 뜻밖의 이야기를 꺼냈다.

"다시 돌아오겠지? 악장 자리는 비워둘 테니 꼭 다시 돌아와야 하네."

선제후가 그를 얼마나 아끼고 위하는지를 다시 한 번 짐작하게 하는 대목이다. 그 이야기를 들은 수많은 신하들이 "독일에 음악가가 어디 한 사람 뿐이냐? 궁정을 대표하는 악단을 이끄는 지휘자의 자리를 그렇게 오랫동안 비워둘 수는 없다"며 만류했지만, 선제후의 결심은 확고했다.

그는 "그러겠다"고 답한 뒤 궁정을 빠져 나왔다. 그리고는 오매불망 그리던 런던으로 갔다. 그곳에서 그는 이전에 쌓아둔 명성을 바탕으로 당시 영국을 다스리던 앤 여왕의 총애를 한 몸에 받았고, 다른 귀족들로부터도 최고 음악가로서의 높은 대접을 받았다.

결국 그는 '꼭 돌아오라'는 선제후의 '깊은 배려가 담긴 명령'을 무시하고 연락을 끊은 뒤 런던에 아예 정착해버렸다. 그 사이 선제후가 보낸 신하들이 여러 차례 런던을 찾아가 그에게 되돌아오라는 선제후의 지시를 전했지만, 그는 그마저도 완강하게 무시했다. 선제후가 그런 그에게 실망을 넘어서서 매우 분노하고 있다는 소문이 들려 왔지만, 어차피 런던을 중심으로 활동하며 하노버 근처에만 가지 않는다면 선제후를 다시 마주칠 일은 없을 터였다. 더군다나 지금 런던은 상류 사회나 일반 시민 사회나 할 것 없이 그의 음악에 푹 빠져 있었다. 그 또한 그런 런던 시민의 환대와 특유의 분위기에 만족했다.

하지만 그가 런던에서 인생 최고의 시간을 보낸 것도 잠시, 앤 여왕이 후사를 남기지 못한 채 갑자기 뇌졸중으로 쓰러지더니 이틀 후 사망하고 말았다.

16세기 이후 파란만장한 일들을 겪으며 영국의 왕실 가문은 후계 구도가 복잡하게 꼬여버려서 영국 내에서는 앤 여왕의 뒤를 이을 후계자를 찾기가 힘들었다. 결국 어렵게 찾은 여왕의 가장 가까운 핏줄은 그녀의 5촌 당숙모인 소피아 공주의 아들이었다. 당시 소피아는 독일 하노버의 에른스트 아우구스투스와 결혼해 아들 게오르그 루트비히를 두고 있었다.

즉, 새롭게 조지 1세가 되어 영국을 다스리게 된 사람은 바로 그가 몇 번이나 신의를 어기고 배신한 하노버의 선제후 게오르그였던 것이다.

그 소식을 들은 그는 공포에 휩싸였다. 보통사람이라도 이 정도로 자신을 배신하고 기만한 사람이라면 어떻게든 복수를 하거나 징벌을 가하겠다는 생각을 하게 마련이다. 그런데 선제후는 독일 한 지방의 제후에서 이제 잉글랜드와 스코틀랜드 그리고 아일랜드를 다스리는 명

실상부한 영국 왕의 자리에 오르게 된 절대 권력자였다. 맘만 먹으면 한 사람의 목숨쯤은 손가락 하나로도 간단히 처분해버릴 만한 힘을 가진 사람이었다.

식음을 전폐하다시피 한 채, 영국을 떠나 대륙으로 도망쳐야 할지 이름을 바꾸고 시골로 내려가야 할지 몇 날 며칠을 고민하던 그를 보다 못한 친구 킬만세기 남작The Baron Kielmansegge이 문득 한 가지 제안을 했다.

"여보게, 자네 특기가 음악 아닌가? 자네의 음악으로 새 왕을 감동시키면 자네에 대한 노여움도 좀 풀리지 않을까?"

"새 왕은 어떻게 해서든 나를 찾아서 자신을 기만한 죄를 물으려 할 텐데, 그런 노여움을 풀 수 있을 만한 음악이 있을 턱이 있나? 설혹 내가 그런 기가 막힌 음악을 작곡해 낸다 해도 나를 불러 주질 않을 텐데, 왕 앞에서 연주할 기회가 있겠나?"

"그래서 말인데……."

킬만세기 남작이 그의 귀에다 대고 조용히 무언가를 속삭였다. 그렇게 시작된 고민이었다. 작곡을 하는 내내 그의 머릿속에는 '그래 봐야 나는 선제후, 아니 새 왕 조지 1세를 기만한 죄로 죽임을 당할 것이다'라는 생각이 떠나지 않았다. 깊은 한숨을 내쉰 그는 다시 건반 앞에 자세를 바로 잡았다.

'살아야 한다. 이번이 내가 살 수 있는 마지막 기회다. 어떻게 해서든 새 왕을 만족시킬 만한 음악을 만들어 내야 한다.'

그는 두 눈을 지그시 감았다. 그리고는 불안한 마음을 애써 떨쳐 내는 대신 예전 하노버 궁정에서 만났던 선제후를 떠올렸다. 그를 향해 늘 따스하게 웃어 주던 사람, 그가 연주를 마치면 다른 누구보다 더 크게 박수를 쳐주던 사람, 악단에 필요한 것이라면 군말 없이 모든 것을 다 들어 주던 사람, 음악을 어느 누구보다 즐기고 아끼던 그 선제후의 모습을 떠올렸다. 그리고 새롭게 이 거대한 왕국의 왕이 된 그의 불안감과 부담감을 덜어 줄 수 있는 따스하고 부드럽고 감미로우면서도 결코 천박하지 않으며 왕으로서의 품위가 느껴지는 그런 악상을 떠올렸다.

'그를 위한 음악을 만들자. 그게 내가 살 길이다.'

얼마 뒤, 어느 여름날. 런던을 가로지르는 템스 강변으로 중무장한 수백 명의 군인들이 순찰을 돌고 있었다. 런던 시민들은 무슨 일이 일어났나 싶어 도열한 군인들의 뒤편에 서서 그들이 지키고 있는 강 쪽을 바라보았다. 이윽고 강의 상류 쪽에서부터 화려하게 치장한 여러 척의 배들이 천천히 강을 따라 내려왔다. 바로 왕이 즉위를 기념해 귀족들을 위해 베푼 선상 연회였다. 왕이 탄 배를 비롯해 여러 귀족들이 탄 배들이 램버스를 출발해 첼시로 천천히 향했다. 그때였다.

그저 일상적인 왕실 행사의 경호였던 터라 별로 긴장하지 않고 경계를 서던 왕실 호위병들이 분주하게 움직이기 시작했다. 조금 전 왕이 탄 배의 곁으로 정체 모를 선박 한 척이 접근하기 시작했다는 정보 때문이었다. 왕이 탄 배에 함께 탑승한 병사들과 바로 곁에서 함께 움직이던 호위함의 병사들은 바짝 긴장한 채 칼을 뽑아 들었다. 정체 모를 선박은 50명도 넘게 탈 수 있을 만큼 큰 규모였다. 배는 "멈추라"는 호위대장의 명령에도 불구하고 계속해서 왕이 탄 배의 옆으로 접근했다. 병사들이 호위대장의 공격 명령만을 기다리고 있는 일촉즉발의 상황이었다. 그때 정체 모를 선박에서 뜻밖에도 음악이 흘러 나왔다. 배 안에는 수십 명의 악사들이 타고 있었다. 그들이 연주하는 음악은 이전까지 들어보지 못한 곡이었다. 하지만 그 곡에는 힘이 있었다. 특히 갑작스레 아무런 준비 없이 왕위를 이어받은지라 경황도 없고, 게다가 영어도 못해 내색은 안 했지만 극심한 향수병에 시달렸던 왕의 귀에는 그 음악이 고향 독일 하노버의 산천을 그대로 담고 있는 것만 같았다. 한 번도 들어보지 못한 곡이었지만 왕의 귀에는 너무나 익숙한 선율이었다.

"하하하!"

왕은 너털웃음을 터뜨렸다. 그때서야 병사들은 경계를 풀었고, 긴장했던 귀족들도 함께 음악을 즐기기 시작했다. 왕은 이제 완전히 그 음악에 빠져 들었다. 첼시에 도착했다가 다시 램버스로 되돌아갈 때까지 세 번이나 반복해서 연주를 청했다. 그러면서 왕은 혼잣말을 되뇌었다.

"알겠다, 내 이것이 누구의 소행인지 알겠다. 하하하!"

궁전으로 돌아온 그는 신하를 시켜 '템스 강의 수상 연주 이벤트를 벌인 범인(?)'을 들도록 했다. 명을 받은 신하가 "그런데 어떤 사람이 그 연주를 시켰는지를 알 수가 없습니다"라고 보고하자, 왕은 다시 한 번 기분 좋은 웃음을 터트린 뒤 신하에게 말했다.

"가서 전 하노버 궁중악장이었고, 앞으로 영국 궁중악장을 맡을 대단한 음악가 게오르그 프리드리히라는 사람을 찾아오게."

그렇게 불려 간 그는 하노버 선제후이자 영국의 조지 1세였던 왕으로부터 어떤 처벌도 받지 않았으며 오히려 더 왕성한 작곡 활동을 하게 됐다. 그리고 40년이 지나 눈을 감을 무렵에는 '음악의 어머니'라는 극찬을 받게 됐다.

이는 수많은 명곡들을 작곡한 대 음악가 헨델Georg Friedrich Handel과 그가 작곡해 템스 강 위의 배에서 초연을 한 「수상 음악」에 얽힌 이야기이다.

후회 없는 삶을 위한 메시지

직장에서, 학교에서, 온갖 종류의 모임에서
우리는 흔히 '나를 싫어하는' 사람들을 만나게 됩니다.

세 가지 질문을 해봅니다.
하나, 내가 그 사람을 싫어하는 것은 아닌지?
둘, 그 사람이 왜 나를 싫어하는지를 아는지?
셋, 영원히 그 사람과 서로 싫어하며 살아도 되는지?

만일 이 세 가지 질문 중 단 하나라도
'네' 라는 답이 나온다면,
지금 당장 그 사람의 곁을 떠나세요. 영원히.
하지만 단 하나라도 답하기가 머뭇거려진다면
그를 내 사람으로 만들 방법을 찾아
힘겹고 멀지만 꼭 가야 할 여정을 떠나세요.

당신은 분명히 그 방법을 알고 있습니다.

더 강한 상대와
일대일로 겨뤄 보기

"가시면 안 됩니다."

"놓으세요."

"거기가 어디라고 가시려고 합니까?"

"저는 갑니다."

"부인!"

"갑니다. 나 아니면 그 사람을 구할 수 있는 사람이 없어요."

"그래도 어찌 혈혈단신으로 그곳엘 간다고 하십니까?"

"내가 안 가면 장군께서 가실 겁니까? 그리고 혼자가 아니면 군대라

도 이끌고 가라는 말씀입니까?"

"……."

　벌써 몇 시간째 미모의 중년 부인을 사이에 두고 여러 명의 군인들이 어쩔 줄을 몰라 하고 있었다. 어깨에 수많은 별을 단 백전노장 장군들이 그녀를 달래도 보고, 겁도 줘봤지만 그녀의 부릅뜬 눈매와 단호하게 자신의 뜻을 주장하는 입매에는 한 치의 흔들림도 없었다.

　"그럼 차라리 폭격을 해버립시다. 우리에게는 저들보다 월등한 공군 전력이 있지 않습니까?"

　"무슨 말씀을 그리 하시는 겁니까? 폭격을 하자니, 총통까지 다 죽이려고 작정했습니까? 우리가 폭격을 시작하면 저들이 총통을 가만 놓아둘 것 같습니까?"

　장군들은 저마다 방법을 내놓거나 상대방의 의견에 대한 이견을 주장하다가 결국 별 뾰족한 수가 없다는 것을 깨닫고는 다들 난감하다는 표정으로 입을 다물어버렸다. 그러자 이제까지 아무 말 않고 있던 장군 한 명이 입을 열었다.

　"부인, 어찌되었든 부인께서 홀로 담판을 지으러 가시겠다는 의견에 저는 절대 반대입니다. 장 장군이 누구입니까? 어려서부터 자신의 아버지와 형에게서 싸우는 기술과 이기는 방법만을 배워온, 말 그대로 싸움으로 뼈가 굵은 백전의 용사입니다. 부인께서 홀로 그런 자와 어떻게 맞서려고 그러시는 겁니까?"

　무리들 중 연배로 보나 계급으로 보나 가장 윗사람인 그의 간곡한 이야기에 잠시 마음이 흔들리는 듯 중년 부인의 눈가가 파르르 떨렸다. 하지만 이내 다시 마음을 진정시키더니 또박또박 자신의 주장을 펼쳤다.

"장군들, 지금 우리가 구하러 가지 않으면 총통은 죽습니다. 그러나 총통을 구하자고 무작정 군사를 몰고 간다면 우리 군사들이 모두 죽을 겁니다. 때문에 누군가 홀로 가서 담판을 져야 한다는 겁니다. 그런데 누가 홀로 그곳에 갈 수 있겠습니까? 장 장군과 같은 용맹하면서도 노련한 군인과 일대일로 맞상대해 원하는 바를 이야기할 수 있는 사람이 우리 중에 누가 있겠습니까? 접니다. 저밖에 없습니다. 그래서 제가 홀로 가야 한다는 겁니다."

한 치의 흐트러짐 없이 힘주어 자신의 생각을 이야기하고 있었지만, 이미 그녀의 두 눈에서는 눈물이 흘러내리고 있었다. 분명 그녀도 두려웠을 것이다.

그녀의 남편을 감금한 장학량 장군은 북경에서 상해에 이르는 중국 북동부 지방을 지배하며 막강한 세력을 자랑하던 동북군벌의 지배자 장작림의 아들이었다. 원래는 그녀의 남편과 경쟁하던 사이였지만, 동북 지방을 노리던 일본군이 장작림을 폭탄 테러로 암살하자 그에 분개해 군대를 이끌고 그녀의 남편 밑으로 들어와 일본군에 대한 복수를 꿈꿨던 인물이었다. 깃발을 바꿔 달고 자청해서 부하가 되기는 했지만 여전히 그 존재는 두렵고 위협적이었다. 동북군은 그 규모나 구성원 면면이 다른 유약한 중국군과는 사뭇 달랐다. 척박한 환경에서 오랫동안 치른 전투 경험 탓에 사람들이 거칠고 때로는 무례했다. 그래서 많은 장군들이 담판을 지으러 가겠다는 그녀의 뜻을 말리고 나선 것이다.

부하가 된 장학량 장군과 그녀의 남편은 의형제까지 맺으며 무척이나 사이가 좋았었다. 하지만 장학량 장군이 자신의 직속 부대를 이끌고 북경에 주둔하는 사이 일본군이 만주사변을 일으켜 장학량의 거점이던 중국 북부 지역을 침공하기 시작하면서 두 사람의 사이는 묘하게 어긋나기 시작했다. 일본군에 의해 아버지를 잃은 것에 이어 자신의 근거지를 빼앗기고 자존심에 상처를 입은 장학량 장군은 일본에 대한 적개심에 복수를 하고 싶어 했다. 하지만 그녀의 남편은 그전에 먼저 그와 대항하며 세력을 키워가고 있던 홍군, 즉 모택동이 이끌던 공산주의 세력들부터 토벌해 내부 정세부터 안정시키고자 했다.

몇 번이나 직언을 하고 자신의 의견을 주장하던 장학량 장군은 결국 서북군을 이끌던 양호성 장군과 함께 서안西安을 방문한 그녀의 남편을 감금하는 하극상을 일으키기에 이르렀다. 그것은 단순한 하극상이 아니었다. 17만여 명의 병력들을 총 출동시켜 인근 지역을 봉쇄하고, 그녀의 남편이 머물던 숙소 근처에서는 총격전까지 벌어진 일종의 전투였다. 갑자기 돌변한 부하들을 피해 숙소 뒷산으로 도망쳤던 남편은 유서까지 써놓고 부하들에게 투항을 해야 했다. 그만큼 급박한 상황이었다.

"다시 말하지만 제가 가겠습니다. 비록 제가 장학량 장군의 상대가 안 될 것처럼 보이겠지만, 그래도 그와 맞상대할 사람은 저밖에 없습니다."

그 말을 마친 그녀는 조용히 밖으로 나갔다. 남편이 감금되어 있는 서안에서 불어왔을지도 모를 바람이 차갑게 그녀의 뺨을 감쌌다. 그녀의 두 눈에서 주르륵 눈물이 흘러 내렸다. 그리고 며칠 뒤, 남편과 마찬가지로 붙잡혀 죽임을 당할지 모른다는 두려움 속에 그녀를 태운 비행기가 서안 공항에 착륙했다. 공항에는 그녀의 남편을 감금하는 하극상을 벌인 장학량 장군이 직접 마중을 나와 있었다. 그녀는 두려운 마음을 감추고 희미하게 웃음을 지어 보였다.

"남편을 풀어 주세요."

"저도 총통을 감금할 생각까지는 없었습니다. 총통이 제 주장을 들어 주기만 한다면 타협의 여지는 있습니다."

"요구 조건을 저에게 다시 말씀해 주세요. 남편을 설득시켜 볼게요."

"절대 들어 주시지 않을 겁니다."

"그렇다면 총통을 풀어 주시지 않으시겠다는 건가요?"

"저희 주장이 관철되지 않는다면요. 저희는 이번 결정에 목숨을 걸었습니다. 그리고 또 다른 한 분을 만나 주셨으면 합니다."

그 말과 함께 그가 데리고 나온 사람은 중국 공산당의 2인자로 알려진 주은래였다. 중국의 운명을 좌지우지하는 거물들을 연거푸 만난 그녀는 몹시 떨리는 마음을 애써 진정시키고 차분히 자신의 논리를 펼쳤다. 그와 동시에 그녀는 완고하기만 한 자신의 남편을 설득시키기 시작했다. 보다 크게 대세를 살피고 중국의 앞날을 위해 통 큰 결정을 내리도록 설득하고 또 설득했다.

그렇게 그녀는 당시 역사의 주역이었던 거물들과 담판을 짓기 위해 분투했다. 담판의 말미에 그녀는 살며시 미소 띤 얼굴로 테이블 건너편에 앉은 장학량 장군에게 말했다.

"내일은 저 같은 기독교인들에게는 아주 뜻 깊은 날인 크리스마스에요. 우리의 춘절春節과도 같은 날이죠. 제발 제게 커다란 크리스마스 선물을 주세요."

그런 그녀에게 설득 당한 장학량은 그녀의 남편을 풀어 주는 것은 물론, 혹시라도 동북군이나 서북군이 앙심을 품고 그들에게 해를 끼칠 것을 염려해 그녀와 그녀의 남편이 탄 비행기에 동승하기로 했다.

중국의 역사적 거물들과 일대일로 담판을 지어 자신이 원하는 바를 이끌어 낸 이 여인의 이름은 송미령宋美齡, 그리고 그녀가 구해 낸 남편은 중국 국민당의 지도자이며 대만 건국의 아버지인 장개석蔣介石 총통이다. 지금까지도 이 담판은 중국 역사상 가장 담대하면서도 드라마틱한 일화로 알려져 있다.

후회 없는 삶을 위한 메시지

'코이'라는 일본 잉어는

어항에 넣어 두면 손바닥만 하게 자라고,

우물에 넣어두면 팔꿈치만 하게 자라고,

연못에 넣어두면 사람 키만 하게 자란다고 합니다.

사람도 마찬가지입니다.

거지와 싸우면 거지같은 사람이 되고,

군인과 싸우면 군인이 되고,

영웅호걸과 싸우면 영웅호걸이 되는 것입니다.

혹시 오늘 누구와 싸우셨습니까?

인생을 걸고 대적할 만한 거물과

일대일로 싸우기를 두려워하지 마십시오.

나보다 강한 상대와 두려움 없이 맞설 때,

당신은 당신 자신을 이기고 더 큰 '나'가 될 수 있습니다.

당신은 강해지고 있습니다.

5

'불만족'을 만족하면 기다리던 삶이 시작된다

모두가 끝이라고 생각하는 바로 그곳, 그때.
그곳으로부터 1m 뒤, 그때로부터 5분 뒤에
당신의 삶이 바뀐다

불만족을
만족하기

"오지 마세요! 뛰어내릴 거예요!"

"맘대로 해. 근데 너 거기서 뛰면 굉장히 아프다. 그러니까 일단 내려와라."

"상관하지 마세요! 교수님이 언제 제가 얼마나 상처받을지, 마음이 아플지 생각이나 하셨나요?"

여학생은 눈물을 줄줄 흘리며 건물 난간을 부둥켜 잡고 있었다. 곽 교수는 본능적으로 여학생이 진짜로 뛰어내리지는 않을 것이라고 직감했다. 그는 아예 아스팔트 바닥에 털썩 주저앉아버렸다. 쉽게 끝날 실랑이가 아니라고 생각했다.

"그래, 어디 너 하고 싶은 말 다해 봐라. 뭐가 그렇게 아프고, 뭐가 그렇게 상처받았는데!"

여학생은 땅바닥에 아예 눕다시피 해 이야기를 하자는 곽 교수를 보더니 조금 진정이 된 듯 난간에서 한 칸 아래로 내려왔다. 그리고는 자신의 속내를 이야기했다.

"전, 교수님 수업만 수업이 아니고 다른 수업도 들어야 한다고요. 그런데도 불구하고 거의 일주일을 꼬박 밤새워 가며 준비했는데 모두 쓰레기라니요? 처음부터 다시 하자라니요? 이게 말이 되냐구요?"

여학생은 오후 나절 강의실에서의 일에 상처를 받은 모양이었다. 곽 교수는 서울의 한 사립대 경영학과 교수였다. 그의 수업은 출결 사항을 엄하게 다루었고, 특히 과제나 발표가 많기로 유명했다. 학기가 끝나고 강의평가서를 받아보면 주관식 기재란에는 언제나 불평과 불만, 심지어 교수에 대한 저주의 말들로 가득 차 있기 일쑤였다. 한 학생은 학교 포털에 '곽○○ 교수 수업 하나 들을 거면(듣는 데 필요한 노력과 정성이면) 다른 수업 세 개에서 A를 받을 수 있다. 과연 그렇게까지 하면서 곽 교수 수업을 들어야 할까?'라는 뼈아픈 글을 적기도 했다. 하지만 그가 그토록 혹독하게 자신들의 학생들을 다그치는 데는 다 이유가 있었다.

학위를 받고 교수 생활을 시작한 지 얼마 안 되었을 무렵, 그는 종종 굵직한 대기업으로부터 인사 시스템이나 채용 제도 개선의 자문위원으로 위촉되고는 했다. 자문위원으로서 관련 회의에 초청되어 그 회사

사무실에 나가 보면 인사팀장이나 채용 담당자들 책상 주변에 수만 장의 A4 용지들이 쌓여 있는 것을 보곤 했다.

"이게 다 뭡니까?"라고 물으면, 우편으로 도착한 이력서인데 뜯어서 학교만 확인하고 버리려고 모아 놓은 것이라고 했다. 세칭 '서울 5대 명문이니, 전국 12개 명문이니' 하는 명문대 출신이 아닌 대학 출신들이 보낸 이력서였다. 한마디로 학교 이름만 확인한 뒤 자신들의 기준에 맞지 않으면 내용도 보지 않고 그냥 버려버린다는 것이었다. 곽 교수 자신은 우리나라 최고 명문 국립대학을 졸업하고 그 학교에서 석, 박사를 마쳤지만, 현재는 서울의 이름 없는 사립대학에서 학생들을 가르치고 있었다. 그런 입장에서 이는 무척이나 놀랍고 속상한 일이 아닐 수 없었다.

그러던 어느 날이었다. 그날 역시 모 대기업에서 자문 요청을 받아 회의에 참석했는데, 예전과 달리 서류 더미들이 쌓여 있지 않았다.

'이젠 (학교를 차별하는) 그런 관행이 없어졌나?' 싶어서 물어 보니, 그게 아니라 이제는 시스템이 발달해서 우편 접수는 받지 않고 100% 인터넷 접수만 받다 보니, 아예 접수 단계에서 필터링을 해 원하는 학교 출신의 지원자들만 걸러 내도록 한다는 것이었다. 가슴이 더 막막해졌다. 그 머릿속에 열심히 수업에 임하는 제자들의 발랄한 모습이 떠올랐다.

좀 따져야겠다는 생각이 들어서 인사 담당 임원 방으로 들어갔다. 그런데 그곳에서는 더 놀라운 모습을 볼 수 있었다. 우편 접수는 받지 않는다더니, 임원의 책상 옆 앉은뱅이 탁자 위에는 이력서를 포함한 서류 뭉치들이 한가득 올라와 있었다. 물어 보니, 이 회사와 협력관계를 맺고 있는 국책연구기관에서 주최한 대학생 논문대회 우승자 이력서와 이 회사가 속해 있는 그룹에서 주관하는 대학생 공모전 우승팀 멤버들의 이력서라고 했다. 채용을 하는 데 있어서 학벌, 학점, 어학점수 등등이 매우 중요하기는 하지만 그런 것들과 실제 데려와서 일을 시켰을 때의 업무 수준과 실력의 상관관계가 이런 공모전이나 경진대회에서 우수한 성적을 거둔 학생들이 보여 주는 그것만 못하다는 것이었다. 실무를 담당하는 팀장들의 이야기를 들어보면 공모전, 경진대회 출신자들이 보여 주는 악착같은 근성과 노력, 일이 되도록 추진하는 방법과 조직에 대한 기본적인 감각 등은 다른 신입사원들에 비해 월등한 수준이라는 것이었다. 그래서 그런 학생들은 별도로 관리해서 채용 등에 있어서도 가산점을 주고 우선적으로 확보하도록 한다는 것이었다.

곽 교수는 선 채로 맨 위의 서류 몇 장을 들춰 보았다. 물론 이른바 'SKY'니 '서울 5대 사립이니' 하는 명문대 출신들도 많았지만, 의외로 평범하다 못해 곽 교수 자신도 '이런 학교가 다 있나?' 싶은 학교 출신들도 많았다. 그 자리에서 곽 교수는 '이거다!' 싶었다. 학교를 차별하는 채용 행태를 따지려고 들어간 임원실에서 곽 교수는 대신 몇 달 뒤로 다가온 이 회사에서 주최하는 대학생 논문대회의 지원 요강 서류 한 뭉치를 받아가지고 나왔다.

그날 이후로 곽 교수의 수업은 '공모전' '경진대회' 사관학교가 됐다.

수업을 듣는 학생들은 3~5명씩 짝을 지어 그룹을 만들었고, 한 학기 동안 거의 일주일 내내 수업이 끝나면 머리를 맞대고 아이디어를 짜고, 기획안을 만들고, 그를 위한 자료 수집에 나서야 했다.

그러는 와중에 학생들은 영어 원서를 읽기 위해 영어 공부를 다시 하게 되었고, 필요한 자료를 모으기 위해 평상시라면 꿈도 못 꿨을 정부 부처, 대기업 전략 담당 임원, 유명 인사나 이슈가 될 만한 인물들을 인터뷰하기 위해 찾아다니며 끈질긴 근성과 대인관계 요령 등에 대해 배웠다. 곽 교수는 그런 학생들을 때로는 혹독하게 다그치고 또 때로는 조언을 아끼지 않으며 조련했다. 그 결과 단 두 학기 만에 곽 교수가 가르치는 학생들 중 세 팀이나 전국 단위 대학생 공모전에서 수상을 거머쥐는 기적적인 결과를 만들어 낼 수 있었다. 그중 두 팀은 자그마치 대상이었다.

그런 성과를 바탕으로 올해도 학생들과 함께 같은 작업을 해오고 있었다. 마침 오늘은 지금 5층 난간을 붙들고 자살 소동을 일으키고 있는 여학생이 팀장으로 있는 팀이 한 달 뒤로 다가온 공모전에 발표할 내용을 선보이는 날이었다. 곽 교수도 조교를 통해 오늘 발표할 팀이 정말로 많은 고생을 했다는 것을 들어서 알고 있었다.

"사실 제가 말씀 안 드렸는데요, 지난 일주일 동안 인문관 경비 반장님이 교수님 뵈러 여러 번 찾아 오셨었어요. 학생들이 집에도 안 가고 밤새도록 강의실에서 뭘 뚝딱거리고 구호를 외치고 해서 나가라고 하니까, 교수님께서 밤을 새건, 지구 끝까지 가건 좋으니까 무조건 해내라고 하셨다고요."

조교로부터 그 이야기를 들은 곽 교수는 절로 미소가 지어졌다. 자신이 이 학교로 부임해서 처음 학생들을 만났을 때의 느낌은 '아무 것에나 만족하는 물렁한 모습'이었다. 중고등학교 시절 '적당히' 공부해서 '적당히' 점수 맞춰서 '적당한' 전공을 골라서 온 티가 완연했다. 매사에 늘 '적당히' 만족하고 '이쯤 하면 되지 뭐. 어차피 내가 1등할 것도 아닌데. 꼴등만 안 하면 됐어'라는 생각이 학교 전체, 전교생 모두에게 만연해 있었다. 그런데 곽 교수의 수업을 듣는 아이들에게서부터 변화가 일어나기 시작했다.

"그래? 그럼 가서 경비 반장님께 전해. 앞으로 한 달 동안 더 시끄러울 테니 이해해 달라고. 모든 건 내가 책임질 테니."

학생들이 준비한 발표는 괜찮았다. 발표를 하는 학생 자신들의 얼굴에서도 준비를 많이 했다는 자신감이 엿보였다. 하지만 곽 교수의 생각은 달랐다. 학생들의 수준에서, 그들의 생각에서라면 괜찮겠지만, 공모전이나 경진대회는 경쟁 없는 학예회도 이 학교 학생들끼리만 하는 경쟁도 아니었다. 곽 교수는 '그래 수고했다'라는 말쯤 해주고도 싶었지만, 혹독한 평가를 내리는 쪽을 택했다. 아직까지 학생들의 마음속에 조금이라도 남아 있을지 모를 '삶에 적당히 만족하는' 습관을 없애 주기 위해서였다.

"쓰레기야, 적당히 잘 만든."

그 말에 칭찬을 기대했던 학생들의 얼굴이 찌그러지기 시작했다. 특히 팀원들 중 유일하게 4학년 졸업반 학생으로 준비와 발표 전반을 이끌었던 여학생은 곽 교수의 이야기가 시작되면서부터 얼굴이 벌겋게 달아오르더니 어느새 굵은 눈물을 뚝뚝 흘렸다. 그럼에도 불구하고 곽 교수의 냉정한 평가는 계속됐다.

"이건 뭐 조금 고치든지 해서 될 일이 아니야. 다시 해. 처음부터 싹 다시. 아예 백지로 생각하고 다시 시작하도록 해."

30여 분간의 평가가 끝나자 나머지 네 명의 학생들은 다시 해보자며 자기들끼리 서로를 다독이며 분위기를 추슬렀지만 4학년 여학생은 주먹을 꼭 쥔 채 눈물을 그치지 못하더니 강의실을 뛰쳐나가서는 소동을 벌인 것이다.

"오늘 너희의 발표는 80점쯤 됐다. 그 정도면 괜찮지. 암 괜찮고말고. 이제까지 너희 선배 중에는 내 기준에 70점 넘은 팀도 몇 안 되었으니까."

땅바닥에 자리를 잡고 앉은 곽 교수는, 이제는 조금 진정이 되었는지 옥상 난간 턱에 주저앉아 있는 여학생을 향해 외쳤다.

"그런데 말이야. 만일 공모전 결선에서 서울대와 연, 고대에서 나온 팀이 너희랑 80점으로 동점을 받았다고 하자. 그럼 주최 측에서는 어떤 팀을 뽑을까? 신문에 공모전 결과가 발표될 텐데, 우리 학교 이름이랑 서울대 이름이랑 어떤 이름이 우승팀 이름으로 더 거창하고 멋있게 보일까? 주최 측은 어떤 학교가 우승팀이라고 보도되길 바랄까? 아니, 동점도 아니고 서울대에서 나온 팀이 한 75점쯤 받았다고 하자.

그래도 주최 측은 고민하지 않을까? 완벽해야 해! 그냥 잘한 정도로는 부족해. 80점으로는 부족하다는 말이야. 너희가 너희한테 걸린 학교 간판을 떼 내고, 서울대와 연, 고대 아니 하버드나 동경대 나온 놈들이랑도 당당하게 맞서서 절대로 손해 보지 않고 실력으로만 평가 받고, 상을 받고, 성공하고 싶다면 80점, 85점, 90점 가지고는 어림도 없어! 100점, 100점을 맞으란 말이다. 100점짜리를 만들어서 '곽 교수, 임마! 이 봐라, 우리가 만든 작품을!' 이러고 나한테 덤비란 말이다! 그 전까지는 절대로 만족하지도, 스스로를 이해해 주지도 마! 그럴 자신 없으면 지금 그냥 뛰어내리던지."

그 말과 함께 곽 교수는 연구실로 돌아가버렸다. 이후 한 달 동안 곽 교수와 그의 조교는 소규모 강의실이 있는 인문관과 무대와 발표 시설을 갖춘 소강당이 있는 종합관 등의 경비 반장으로부터 계속해서 항의 전화를 받아야 했다.

1년 뒤, 곽 교수는 굴지의 전자회사로부터 자문 의뢰를 받고 회의에 참석하게 됐다. 서초동에 있는 회사 건물 지하 주차장에 차를 세우고 회의 장소로 올라가려는데 행사를 준비 중인 그 회사의 여직원이 보였다. 곽 교수는 그녀를 보고 빙그레 미소를 지었다. 그녀도 곽 교수를 보더니 환하게 웃음 지으며 고개 숙여 인사한 뒤 말했다.

"근데 어쩌죠, 교수님? 오늘 회의 장소가 5층이네요. 하지만 염려 마세요. 저 이제는 안 뛰어내리려요. 이렇게 좋은 회사를 다니는데 제가 왜 뛰어내리겠어요?"

둘은 그 자리에서 한참 동안이나 크게 웃었다. 웃어도 웃어도 웃음이 그치지 않았다.

곽 교수는 여전히 그 학교의 교수로 있고, 곽 교수가 근무하는 학교의 입시 점수 순위도 예전과 거의 같다. 당연히 학교의 평판이나 취업 서류 전형에서 평가받는 수준 역시 크게 달라지지 않았다. 하지만 '불만족해야 하는 상황'을 힘겨워 하기보다는 만족하며 즐겼던 곽 교수와 그의 제자들은 응모한 공모전에서의 수상 확률이 평균 60% 이상 되는 놀라운 드라마를 써갔고 2, 3년 뒤 졸업할 무렵이면 제자들은 그와 같은 '수상 경력'과 '수상할 수 있는 실력'을 바탕으로 무난히 원하는 회사에 입사할 수 있었다.

'만족할 만한 것들을 만족하거나, 불만족할 만한 것들에 불만을 가진' 사람에게는 어떤 드라마도 일어나지 않는다. 사람들은 그런 모습을 일컬어 '순리順理'라고 말한다. 곽 교수와 그의 학생들이 만들어 낸 극적인 드라마는 역시 대부분 '불만족한 상황을 만족'하는 긍정적인 에너지와 '적당히 만족할 만한 상황을 불만족'하는 악착같은 독기를 쏟아내 부족한 부분을 적극적으로 채워 나가려는 사람들에게서만 찾을 수 있다.

그래서 세상이 살 만하고 또 재미있는 것이 아니겠는가.

후회 없는 삶을 위한 메시지

그는 대학을 중퇴한 트럭 운전수에다
고작 10분짜리 단편영화조차
완성하지 못한 '무명 감독 주제'에
유명 제작자가 오케이한 필름을
고치고 잘라내고 다시 찍어댔습니다.
"나는 만족하지 못한다!"는 단 한마디를 남긴 채.

5년간 그런 불만족의 세월이 지난 뒤,
그의 이름은 점차 영화 팬들 사이에 퍼지기 시작했습니다.
지금도 역시 "나는 만족하지 못한다!"를 외치며
자신이 찍은 아바타, 터미네이터, 타이타닉을
능가하는 영화를 만들기 위해 동분서주하는
제임스 카메론의 이야기입니다.

이쯤 되면,
우리가 기억해야 할 말은 이 정도일 듯합니다.
Stay Hungry! and Stay Foolish!

(by Steve Jobs)

1m만 더 뛰어 보기

남은 시간은 16초.

점수는 17:14. 그린베이패커스는 3점을 뒤지고 있었다.

공격권은 그들에게 있었지만 문제는 시간이었다. 그들의 홈구장인 램보필드Lambeau Field를 가득 메운 홈 관중들은 초조하게 그라운드와 전광판의 시계를 번갈아 바라보았다. 12월 마지막 날의 추운 날씨에도 불구하고 관중들은 손바닥에 땀이 나도록 양 주먹을 꼭 쥔 채 목이 터져라 응원했다. 패커스 선수들은 모두 한 선수만을 바라보았다.

쿼터백 바트 스타Bart Starr.

그가 내리는 작전 지시 하나에 그들의 운명이 달려 있었다. 그들은 그해 내셔널풋볼리그NFL의 최종 우승팀이자 그해 출범한 슈퍼볼에 출전해 아메리칸풋볼리그 우승팀과 최종 우승을 겨룰 수 있는 자격을 취득하느냐, 아니면 램보필드를 꽉 채운 7만여 홈 관중들의 야유와 탄식을 들으며 락커룸으로 들어가느냐가 결정될 판이었다.

선수들은 당연히 16초밖에 남지 않은 시간을 생각하면 안전하게 3점짜리 필드 골을 성공시켜 동점을 만든 뒤 연장전으로 갈 것이라고 생각해 필드 골을 시도하기 위한 공격 대형을 만들기 시작했다. 그러나 팀 공격을 책임지는 바트 스타는 갑자기 마지막 작전타임을 요청했다. 선수들이 그의 주위로 모여 들었다.

"터치다운으로 간다."

바트 스타의 말 한마디에 선수들은 어안이 벙벙해졌다. 성공을 하면이야 추가 골까지 포함해 대거 7점을 얻으며 21 :17로 역전승을 할 수도 있었지만, 만일 실패라도 한다면 아예 공격권까지 빼앗기고 우승은 멀어지게 될 터였다. 상대 엔드 존End Zone까지의 거리는 가까웠지만, 역시나 문제는 남아 있는 '16초'라는 시간이었다.

"터치다운으로 간다. 런 플레이로 갈지, 내가 직접 뛸지는 상황을 보면서 결정할게. 일단 크레머는 수비를 유인해서 상대 진영 깊숙이 뛰어 들어가."

바트 스타의 단호한 지시에 선수들은 별다른 토를 달지 않고 다시 자기 자리로 돌아갔다. 정작 난리가 난 쪽은 상대팀인 댈러스 카우보이스의 수비수들이었다. 분명히 필드 골을 통한 '동점 작전'으로 나올 것으로 확신하고 수비를 정렬했는데, 상대편 패커스의 움직임이 이상했다. 필드 골을 노리는 것도 같고 아닌 것도 같은 어정쩡한 움직임에 댈러스 선수들은 갈피를 잡지 못하고 우왕좌왕했다. 그 모습을 보며 바트 스타는 사이드라인에 바짝 붙어 서 있는 감독에게 다가갔다.

"터치다운으로 가겠습니다."

그의 말에 감독은 오히려 당연한 것을 왜 묻느냐는 투로 외쳤다.

"얼른 뛰지 않고 뭐해 Run it, and let's get the hell out of here!"

바트 스타는 잠시 눈을 감았다.

만년 하위 팀이었던 그린베이패커스를 지금의 이 자리까지 끌고 오기 위해 헌신적으로 따라 준 동료들의 얼굴이 떠올랐다. 그리고 미식축구 팀을 보유한 다른 도시와 달리 위스콘신 주의 자그마한 소도시인 그린베이 시민들의 얼굴도 떠올랐다. 그들은 진심으로 자신들의 미식축구 팀인 패커스를 아끼고 응원해 주었다. 지금 이 한 번의 공격 기회를 통해 그들에게 잊지 못할 감동과 즐거움을 주느냐, 한동안 오래갈 아픔과 아쉬움을 주느냐가 달려 있었다. 절대로 실패해서는 안 되는 공격 기회였다.

그리고 마지막 한 사람. 방금 자신에게 욕설까지 퍼부으며 과감한 공격을 주문한 감독의 얼굴이 떠올랐다. 앞서 두 부류의 사람들과 달리 감독은 그에게 애정과 애증이 교차하는 조금은 복잡 미묘한 대상이었다.

들기로 그는 가난한 이탈리아 이민자의 후손으로 태어났다고 했다. 어렸을 때부터 운동을 하기는 했지만 체격이나 체력이 두드러진 것도 아니었고, 그렇다고 실력이 탁월했던 것도 아니었다. 그는 대학을 졸업하기는 했지만, 2년 가까이 선수나 코치 자리를 얻지 못하고 백수로 지내다가 겨우 한 고등학교 미식축구 팀의 보조 코치 자리를 얻을 수 있었다고 한다. 이후 모교였던 대학 팀 코치와 프로 팀 코치를 전전하던 그는 다른 사람 같으면 벌써 감독으로서의 경력을 쌓아도 한참 쌓았을 나이인 마흔여덟에 처음으로 지금의 팀인 그린베이패커스의 감독으로 부임했다. 그가 부임할 무렵 패커스는 승률이 10%도 안 되는 만년 하위 팀이었다. 선수들이나 팬들은, 구단이 어차피 될 대로 되라는 생각에 나이는 먹을 대로 먹고 이름은 들어 보지도 못한 무명의 감독을 싼 값에 데리고 왔다고 생각했다. 하지만 그건 모두의 오산이었다.

그는 그간 수많은 팀을 옮기며 숱한 선수들을 지도했던 경험을 바탕으로 만년 꼴찌에 머무르고 있던 패커스의 선수들을 무섭게 다그치기 시작했다. 어느 순간에도 대충이나 얼렁뚱땅은 없었다. 미식축구는 수십에서 수백 가지의 다양한 전술을 톱니바퀴처럼 구사해야 하는 스포츠 종목이다. 그는 그런 전술을 훈련하는 데 있어 한 치라도 빈틈이나 실수가 보이면 선수들을 혹독하게 나무랐다. 그리고는 훈련을 마칠 때쯤이면 선수들에게 이렇게 말했다.

"우리들은 프로다. 때문에 우리는 끊임없이 완벽을 추구해야 한다.

어쩌면 끝내 완벽을 달성할 수 없을지도 모르지만 계속 완벽을 추구하다 보면 적어도 다른 사람보다 월등해질 수는 있을 것이다!"

바트 스타는 두 눈을 부릅떴다. 이윽고 휘슬이 울리고 패커스의 공격이 시작됐다. 센터의 손을 떠난 공은 쿼터백인 바트 스타의 손에 들어왔고, 스타는 필드 골을 노리거나 와이드 리시버 등 다른 선수에게 공을 패스하는 대신 그 스스로 공을 쥐고 상대편 엔드 존을 향해 힘차게 뛰어 들었다. 그 순간 매일 훈련 때마다 감독이 귀에 박히도록 했던 이야기가 떠올랐다.

"이봐 엔드 존은 거기가 아니야!"

늘 그랬다. 패커스의 선수들이 열심히 달려와 점수를 낼 수 있는 구역인 엔드 존에 와서 멈춰 서면 감독은 항상 그런 선수들의 등 뒤에 대고 소리를 질렀다.

"엔드 존은 거기가 아니야! 패커스의 엔드 존은 언제나 그곳에서 1야드 더 멀리 있다고!"

많은 선수들이 엔드 존이 가까워지면 버릇처럼 속도를 늦추며 멈출 준비를 하는 것을 보며 한 말이었다. 그 말을 떠올린 바트 스타는 고개를 파묻지 않고 빳빳이 들어 엔드 존에서 정확히 1야드 더 먼 곳을 바라보았다. 그리고 힘껏 몸을 날렸다. 이어 그의 귀로 7만여 관중이 쏟아 내는 엄청난 함성이 들려 왔다. 그렇게 바트 스타와 그의 팀 그린베이패커스는 내셔널풋볼리그의 우승은 물론, 사상 처음으로 슈퍼볼 결승에 진출할 수 있었다.

이 경기는 현재까지도 '가장 혹독한 환경에서 치러진 경기' 겸 '역대 가장 극적인 경기 중 하나'로 많은 사람들의 입에 회자되고 있다.

미국을 포함한 북미 지역 최고의 스포츠 이벤트는 놀랍게도 월드컵이나 올림픽이 아닌 '슈퍼볼'이라고 하는 내셔널풋볼리그의 챔피언을 가르는 결승전 경기다. 이날은 범죄자들마저도 TV 앞에 모여 경기를 보기 때문에 범죄율이 급격히 떨어진다는 우스갯소리가 나올 정도로 이 경기는 미국인들에게 최고의 스포츠 이벤트다. 매년 2월 첫째 주에 열리는 슈퍼볼의 평균 시청자는 1억 명에 달하고 중계 시간 사이에 방송되는 광고는 1초당 단가가 1억 원이 넘는 초고가임에도 불구하고 자사의 광고를 내보내려는 회사들이 돈 보따리를 들고 줄을 서는 기현상이 벌어진다.

이날 경기가 끝나면 선수들은 자신의 감독에게 스포츠 음료가 담긴 커다란 물통을 뒤집어씌우며, 6척 장신의 산만한 덩치들이 서로 부둥켜안고 펑펑 우는데 그 장면은 어느 편을 응원하든 가슴 뭉클해지는 장면이다. 그들이 그토록 감격할 만한 것은, 내셔널풋볼리그는 무려 32개의 팀이 승부를 겨뤄 단 하나의 우승팀을 가르게 되는데, 그 승부의 숨 막힘과 치열함이 상상할 수 없을 정도이기 때문이다.

결국 그렇게 경기를 마치고 나면 우승 팀에게는 그들이 그토록 오매불망 그리며 지난 5개월의 시즌 동안 바라며 뛰어왔던 우승컵이 수여되는데, 그 컵을 받아 든 선수들은 다시 한 번 뜨거운 눈물을 흘린다. 그 우승컵을 들기 위해 그들은 뼈가 부러지고 인대가 너덜너덜해져도 스스로 기브스를 풀고 압박 붕대를 감은 채 다시 경기장으로 돌아왔고, 사랑하는 가족의 생일에도 경기를 위해 원정 팀 경기장으로 향하는 비행기를 타야만 했었다.

모든 선수들이 평생에 단 한 번만이라도 그 컵을 손에 들고 입 맞추기를 꿈꾸지만, 1년에 선택받은 단 몇십 명 만이 그 꿈을 이룰 수 있다.

그 컵에는 이름도 있다. 우리에게는 조금 생소하지만 '빈스 롬바르디컵Vince Lombardi Cup'이라는 공식 명칭이 붙어 있다.

'빈스 롬바르디'

그는 미식축구계를 넘어 미국 스포츠 전체를 통틀어서 가장 존경받는 감독 중 한 명으로 추앙받는 위대한 지도자이며 단순히 프로 스포츠 팀 감독을 넘어서서 '그라운드 위의 구도자'로 칭송받는 내셔널풋볼리그의 신화다. 지금도 수많은 미국인들이 최고의 미식축구 감독은 물론, 정재관계를 포함해 미국 최고의 지도자를 뽑는 설문조사를 하면 조지 워싱턴, 링컨 대통령, 마틴 루터 킹 목사와 함께 4파전을 벌이는 전설적인 지도자가 바로 빈스 롬바르디이다.

그는 만년 꼴찌 팀을 맡아 평균 승률 74%라는 놀라운 성적을 거두었으며, 슈퍼볼이 처음 열린 첫해부터 2년 연속 팀을 우승으로 이끌었음은 물론, 통산 5회나 슈퍼볼에서 우승을 차지했다.

이쯤 되면 아마 다들 눈치 챘을 것이다.

마흔 여덟이라는 나이에 뒤늦게 만년 꼴찌 팀 그린베이패커스의 감독으로 부임해, 날이면 날마다 램보필드 연습구장에서 "1야드만 더 뛰어! 거기가 끝이 아니야, 끝은 더 멀리 있어! 멈추지 말고, 속도를 늦추지 말고, 끝까지 끝까지, 달려 나가란 말이야!"라고 목이 터지도록 고함을 지르던 사람. 바트 스타에게 "얼른 뛰지 않고 뭐해!"라고 정신이 번쩍 들도록 한바탕 욕설을 퍼부은 사람. 그리고 늘 끊임없이 완벽을 추구하도록 요청했고, 실제로 그 자신도 완벽한 감독이 되기 위해 스스로를 엄하게 갈고 닦았던 사람.

그가 바로 '빈스 롬바르디' 감독이다.

세 사람의 친구가 있었습니다.
비슷한 덩치에, 비슷한 체력을 지닌 그들은
등산을 가기로 했습니다.
세 친구는 등산이 난생 처음이었기에 주변 사람들에게
자신들이 올라야 할 산에 대해 물어 보았습니다.

첫 번째 친구가 물은 사람은 그의 동기였습니다.
"그냥 산길 따라 쭉 올라가면 돼. 그러면 등산 완료지."
두 번째 친구가 물은 사람은 그의 선배였습니다.
"열심히 오르다 보면 사람들이 모여 있는 곳이 있을 거야.
거기까지 가면 등산도 끝이야."
마지막으로 세 번째 친구가 물은 사람은
그의 아버지였습니다.
"산은 정상에 오르는 것도 중요하지만
이후에 산을 무사히 내려오는 것도 중요하단다."

마침내 등산이 시작되었고,
제대로 정상에 올랐다가 하산을 한 것은
마지막 세 번째 친구밖에 없었습니다.
첫 번째 친구는 조금 오르다가 힘에 부치자 포기해버렸고,

두 번째 친구 역시 조금 오르다가

사람들이 우르르 내려오는 것을 보자 포기해버렸습니다.

오직 세 번째 친구만 등산로도, 모여 있는 사람도, 심지어

정상마저도 목표로 두지 않고

정상 너머에 있는 하산 길까지 바라보며 산을 올랐기에

기나긴 산행을 무사히 마칠 수 있었습니다.

산을 인생이라 합시다.

우리가 그 끝을, 그 결과를, 그 목표를 어디에 두느냐에 따라

우리의 인생은 길어지기도 하고 아주 짧아지기도 하며,

인생의 전성기가 앞으로 또는 뒤로도 움직이곤 하고,

그것이 한 번 오기도 하고 여러 번 오기도 한답니다.

지칠 때면 이렇게 외쳐 봅시다.

1m만 더! 한 시간만 더! 한 명만 더!

자신의 일에
목숨 걸기

1999년 초 한국.

깐깐한 표정의 중년 사내가 한 대기업 사무실로 들어섰다. 그를 기다리고 있던 부하직원들은 일부러 우렁찬 목소리로 크게 인사를 했지만, 사내는 보일 듯 말 듯 희미한 미소만을 띤 채 자신의 집무실로 들어가 버렸다. 가뜩이나 비쩍 마른 체형의 사내는 최근 며칠 사이에 눈에 띄게 더 살이 빠진 듯했다.

한 임원이 그의 뒤를 따라 집무실로 들어갔다.

"좀더 쉬다 나오시지 그랬습니까?"

"경제수석실에서 연락은 왔나?"

"수술하셔야 한다고 들었습니다. 얼른 수술 일정을 잡으시지요."

"청와대에서 연락이 왔냐고?"

두 사람은 같은 공간에 있었지만 전혀 다른 이야기를 하고 있었다. 자연히 대화는 제대로 이어지지 않았고 잠시 어색한 침묵이 흘렀다. 그 침묵을 깬 것은 임원이었다.

"본부장님, 치료라는 게 다 때가 있다고 들었습니다. 지금 이러실 때가 아니라 빨리 병원으로 가서서 수술 일정을 잡으셔야 합니다."

그러자 책상 위에 놓인 서류들을 빠른 속도로 들춰 보던 중년의 사내가 버럭 화를 냈다.

"내 병만 때가 있는 것이 아니야. 지금 우리가 속 편하게 생각할 겨를이 있다고 보나? 얼른 회의 소집해! 담당자 별로 상황 분석한 자료도 가지고 오고. 참, 어제 오늘 외환 시장이랑 계열사별 주가, 시가 총액 변동 사항도 빠짐없이 꼼꼼히 챙겨서 보고하도록 해."

말을 마친 그는 책상에 반쯤 걸터앉아 밀린 서류에 결재를 하고 다른 눈으로는 온갖 자료를 들춰 보며 업무에 몰입했다. 이제까지 늘 그랬던 것처럼. 머쓱해진 임원은 가볍게 고개를 숙인 뒤 사무실을 빠져 나올 수밖에 없었다.

이날로부터 1년 하고 몇 개월 전. 우리나라는 외환 보유고를 포함한 각종 경제 지표가 바닥을 치면서 IMF구제금융 신청이라는 역사상 유래 없는 굴욕을 맛보고 말았다. 하지만 굴욕과 패배감은 거기서 끝이 아니라, 그로부터 시작이었다. 구제금융을 지원해 준 IMF는 우리나라의 주요 경제 정책, 제도, 각종 금융 시스템에 대해 마치 공부 많이 한 대학생 형이 동네 중학생 앉혀 놓고 가르치듯 시시콜콜 간섭하기 시작했다. 부끄럽기도 하고 화가 나기도 하는 상황이었지만, 어쩔 수 없었다. 아쉬운 쪽은 우리들이었다.

그와 동시에 하루라도 빨리 구제금융을 갚고 국가를 정상화시키려는 정부의 노력도 본격적으로 시작됐다. 그 대표적인 예가 부실기업에 대한 법정 처리와 은행 합병 그리고 국내 산업 경쟁력을 높이기 위해 대기업 간 대형 사업을 맞바꿔 각각 주력 사업에서 보다 경쟁력을 갖도록 한다는 취지에서 시작된 빅딜 정책 등이었다.

문어발식으로 여러 산업 분야에 걸쳐 기업을 운영하던 재벌들에게 서로 경쟁력 없는 분야의 기업은 내놓고, 대신 잘할 수 있는 분야의 사업을 받아 서로 시너지 효과를 내도록 하라는 내용의 빅딜 정책은 일면 상당히 합리적이면서도 당시 상황에서는 불가피한 정책으로 보일 수도 있었다. 하지만 국가가 민간 기업의 경영에 지나치게 개입한다는 우려를 불러올 수 있었고, 빅딜의 기준 자체도 조금 모호해서 논란의 소지가 많았다.

특히 기업을 경영하는 사람의 입장에서는 평생을 일구어 온 기업을 한순간에 다른 기업에 내줄 수도 있는 절체절명의 위기였다. 그런 와중에 중년의 사내는 '구조조정 본부장'을 맡아 자신이 몸담고 있는 기업의 빅딜 업무를 총괄하게 된 것이다. 그가 몸담고 있는 그룹의 오너는 "전자와 금융, 두 기업을 제외하고는 어떤 회사를 처분해도 좋다!"

라며 그에게 전권을 이임했다. 중책을 맡은 그는 밤을 낮처럼, 낮을 밤처럼 뛰고 또 뛰었다. 그러던 어느 날 몸이 조금 이상하다 싶어 들른 병원에서 그는 날벼락과도 같은 소식을 들었다.

'신장암'

체질상 술은 한잔도 못하고 병약한 체질도 아니었던지라 갑작스러운 암 선고가 그로서는 당황스럽기만 했다. 하지만 그는 끝내 수술 날짜를 잡자는 의사의 권유를 마다하고 사무실로 복귀했다. 그에게는 지금 당장 급한 불을 끄기 위해 밤낮 없이 일하고 있는 동료들과 자신에게 주어진 일들이 있었다. 많은 사람들이 건강을 잃는 것은 다 잃는 것이라며, 몸이 건강하고 나서 일도 있는 것이라고들 했지만 당시 그에게 그런 이야기는 그저 '덕담'이나 '사치스러운' 이야기일 뿐이었다. 대신 그는 자신의 일에 목숨을 걸기로 했다.

그룹 내에서도 최고의 인재들이 모인 그의 조직을 이끌고 청와대로, 재정경제원으로, 산업자원부로 뛰고 또 뛰었다. 목숨을 건 그의 승부에 부하직원들은 그 이상의 비장한 결의를 다지며 열정을 불태웠다.

빼어난 두뇌와 냉철한 분석력, 철저함과 꼼꼼함, 이런 실력이 바탕이 된 대범함과 배짱. 이런 그의 장점은 위기 상황에서 빛을 발했고, 모두가 위기라고 말하는 상황에서 회사는 하나하나씩 문제를 해결해 나가기 시작했다. 그렇게 몇 개월이 지나 급한 상황이 어느 정도 정리되자, 그는 비로소 병원에 입원해 신장암 수술을 받았다.

몇 년이 지나자 회사는 정상화를 넘어서서 IMF 위기 전보다 오히려

더 승승장구하는 글로벌한 대기업으로 성장했고, 그 역시 오너 회장에
이어 그룹 2인자라고 하는 최고의 위치에까지 올라서게 됐다.
　목숨을 걸고 일해서 자신이 해야 할 일을 해낸 사람, 그리고 그렇게
최고의 자리에 설 수 있었던 사람. '샐러리맨의 신화'라고 불리는 전 삼
성그룹 이학수 부회장이 바로 그다.

"야! 다 먹고살자고 하는 짓이야. 목숨 걸고 일할 필요 없어."
제게 이런 말을 하며 함께 밥 먹고 술 마셔 놓고서는,
그 자신은 또 스스로의 일에 목숨을 걸었던 선배를
일곱 분 정도 알고 있습니다.

사생활과 가정, 인간관계에서는 허점투성이였던 그들이었지만,
자신에게 맡겨진 일,
자신이 해야 할 일,
자신이 하고 싶은 일에 대해서는
목숨을 걸었고,
결국 '안전하게(?) 일해 온' 다른 동료와 동기들보다
훨씬 더 괜찮은 성과를 거둘 수 있었습니다.

그런데 더 '속상한 것(?)'은,

그들이 다른 사람들보다

훨씬 더 건강하게 잘살고 있다는 것입니다.

자신에게 맡겨진 일,

자신이 해야 할 일,

자신 하고 싶은 일을 하기 위해

자신의 건강을 지키는 일도 '목숨 걸고(?)' 해냈던 것이지요.

'必死卽生 必生卽死

(반드시 죽으려면 살 것이요, 반드시 살려면 죽을 것이다)'

라는 말은 명량 앞바다의 이순신 장군에게만 해당되지는

않나 봅니다.

최악의 순간에서
배우기

19세기 중후반 무렵의 일본. 이노쿠치라는 마을을 다스리는 관청 앞에 한 청년이 서 있었다.

이유는 모르겠지만 그의 눈은 분노로 불타오르고 있었고, 이곳에 오기까지 많은 고생을 한 듯 옷과 신발이 흙먼지와 땀으로 엉망인 채였다. 잠시 숨을 고른 청년은 관청 안까지 들리도록 큰 소리로 고함을 지르기 시작했다.

"官以賄賂成, 獄以愛憎決!"

'관가의 일은 뇌물로 이뤄지고, 옥살이는 애증에 따라 결정되는가!'
라는 뜻의 한시를 외친 뒤 청년은 땅바닥을 두드리며 울부짖었다.

"탐관오리는 자신의 비리를 회개하고 우리 아버지를 즉시 방면하라!"

그가 이토록 분노하며 홀로 시위를 하는 까닭은 며칠 전으로 거슬러 올라간다.

며칠 전 마을에서는 촌장의 생일을 맞아 큰 잔치가 열렸다. 그의 아버지 역시 잔칫상의 한 자리를 차지하고 앉아 술을 마시고 있었다. 문제는 그의 아버지가 '지게로닌'이라는 것이었다.

지게로닌地下浪人이란, 말 그대로 가난 등의 이유로 지방의 하급 무사인 '고시鄕士' 계급을 팔아먹고 평민의 신분이 된 사람으로, 아는 사람들 사이에서는 '끼니 조금 구하자고 사무라이의 절개를 팔아먹은 변절자'로 취급받아 원래 평민이었던 사람보다 더 천대를 받았던 계급이었다. 술자리에서 그래도 왕년에 무사였답시고 폼을 잡는 모습을 꼴사납게 보던 촌장은 사람들 앞에서 그의 아버지에게 공개적으로 면박을 주었다. 그러자 가난 때문에 몰락하기는 했지만 아직 무사의 기개와 근성이 남아 있던 그의 아버지는 잔치판을 뒤엎고 자신을 업신여기는 촌장에게 대놓고 언성을 높였다.

"아니, 보자 하니, 내 비록 지금은 변변찮은 신분이지만 분명 검술을 익히고 나랏일에 참가했던 고시였는데 마을을 다스린다는 자가 어찌 이리 사람을 가려 면박을 줄 수가 있는가? 게다가 내 말 나온 김에 한마디 하겠는데, 마을의 일을 하는 사람은 공평무사하게 일을 처리하고 한 점의 사리사욕도 없어야 하거늘 매번 마을 대소사를 처리할 때마다 자신과의 친소親疏 관계에 의존하고, 개인의 치부致富를 늘 우선시하니,

이 어찌 촌장의 모습이라 할 수 있겠는가?"

그 말에 촌장은 얼굴이 붉으락푸르락 해서 어쩔 줄을 몰라 했지만 그 자리에 있던 마을 사람들은 내심 속으로 동조하는 자가 적지 않았다. 하지만 치밀어 오르는 화를 참지 못한 촌장은 그의 아버지를 아무런 재판 없이 바로 옥에 가두어버렸다.

그렇게 아버지가 입바른 소리를 하다 옥에 갇혔다는 소식을 전해들은 그는 유학을 하고 있던 에도(지금의 동경)에서 이곳 이노쿠치까지 단숨에 달려와 시위를 벌이는 중이었다.

하지만 높은 대문과 담장 너머의 관청에서는 아무런 반응도 없었다. 위에서 지시를 했는지 평상시라면 문 밖으로 나와 기둥 하나씩을 등지고 서서 경비를 서야 할 관원들도 보이지 않았다. 그의 시위에 대해 아예 무시하기로 내부적으로 결정을 한 모양이었다. 그러면 그럴수록 그는 더 독이 올랐다. 에도로 떠나기 전까지만 하더라도 얼마나 성격이 괄괄하고 끈질겼던지 한번 물면 놓지 않는 독사처럼 보인다고 해서 '작은 살무사'라 불렸던 그였다. 그는 차가운 물 한 사발을 들이켠 뒤 다시 고함을 지르기 시작했다.

"촌장은 자신의 부당함을 무고한 동네 노인을 가두어서라도 가리고 싶은가? 아이고, 마을의 도가 땅에 떨어졌도다. 자신의 귀에 거슬린다고 늙은이를 제 맘대로 옥에 가두다니!"

아무리 무시해도 그의 고함과 시위는 끊일 줄을 몰랐고, 마을 사람들도 그 소문을 듣고 하나둘씩 관청 앞으로 모여들었다. 그러자 촌장의 생각이 바뀌기 시작했다. 시위를 하는 청년을 지금처럼 계속 무시한 채 두었다가는 평상시 촌장에 대해 안 좋게 생각하던 다른 마을 주민들까지 시위에 동조할 가능성이 있겠다는 생각이 들자, 그는 지금까지의 방침을 바꿔 관원들을 내보내 청년까지 옥에 가두었다.

그는 아버지를 구하기는커녕 자신마저 감옥에 갇혀버린 신세가 되자 낙담해 고개를 떨구고 말았다. 아버지가 어려운 형편에도 보내 준 유학 생활 동안 익힌 무예와 학문, 큰 도시에서 넓힌 견문으로 시골 촌구석의 촌장쯤이야 충분히 담판을 벌여 아버지를 풀려나게 할 수 있을 것이라고 생각했었다. 그래서 유학 생활을 잠시 접고 이렇게 달려왔는데, 오히려 자신마저 감옥에 갇히는 지경이 되자 그는 참담함에 고개를 들 수 없었다.

한참 동안이나 지금의 처지와 답답한 앞날에 대한 생각으로 양 무릎 사이에 머리를 쑤셔 박고 있던 그의 눈에 같은 감방 안에 수감된 죄수들의 얼굴이 보였다. 소매치기를 하다가 잡혀온 어린 소년부터 시작해서 술 먹고 저잣거리에서 행패를 부리다 끌려온 건달에, 상습적으로 부녀자를 희롱하거나 남의 돈을 은근슬쩍 빼돌린 사내까지 세상의 온갖 악한에 실패자들은 다 모아 놓은 모습이었다.

그는 그런 그들의 모습을 물끄러미 바라보았다. 그러다가 무슨 생각이 들었는지 역시 그를 뚫어지게 쳐다보던 다른 죄수들의 무리로 성큼성큼 걸어갔다. 지게로닌의 자식이긴 하지만 그래도 왕년에 제법 나갔다던 무사 집안의 아들인 그를 경계하던 죄수들은 갑작스럽게 그가 자신들의 무리 안으로 들어오자 당황해서 어쩔 줄을 몰랐다.

그는 무리 가운데에 털썩 주저앉아서는 개중에 가장 나이가 들어 보이는 죄수에게 말을 건넸다.

"나 '작은 살무사' 이와사키라고 하는 사람이오."

그가 먼저 이름을 말하고 고개를 숙여 예의를 갖추자 상대편도 잠시 머뭇거리다가 고개를 숙이며 인사를 했다.

"나는 '들개' 사토시요. 댁 이름은 많이 들었소. 에도로 유학을 갔다더니 어쩌다 여기까지 오게 된 거요?"

"뭐 사정이 있어 그렇게 됐소. 그러는 댁은 어쩌다 여기 들어온 거요?"

그렇게 한 명 한 명과 통성명을 한 그는 왜 감옥에 들어오게 되었는지, 들어오기 전까지는 어떤 일을 했고 그 일을 하면서 어떤 세상을 접했는지를 꼬치꼬치 캐물었다. 그가 그렇게 감옥 안에서 사람들을 사귀며 그들로부터 많은 것을 배우고자 했던 것은 단순히 갇힌 공간 안이 무료해서라거나 감옥 생활을 조금이라도 편하게 하기 위해서가 아니었다. 사실 감옥에 갇힌 몇 시간 동안은 당혹감과 분노, 자괴감과 무력감 탓에 아무런 생각도 하기 싫었다. 하지만 시간이 지나자 생각이 바뀌었다.

'그래, 일이 안 풀려 아버지도 구하지 못하고 감옥에 갇혀버리고 말았지만 에도 유학마저 접고 내려온 마당에 이대로 낙담하고 있을 수만은 없다. 무언가, 무언가 해야 한다. 무언가……'

'촌장을 이기려면 촌장보다 더 이 마을에 대해 속속들이 알아야 한다. 그러려면 이 마을의 가장 밑바닥까지 꿰고 있는 이 감방 안에 있는 사람들이 스승으로 제격이다. 배워야 할 것은 에도에만 있는 것이 아니다. 내가 제대로 보고 제대로 듣고 제대로 생각하기만 한다면 이곳 감방 안에도 나의 스승이 되어 줄 이가 분명히 있을 것이다.'

그렇게 생각한 그는 감옥 안의 사람들로부터 마을 구석구석 돌아가는 이야기와 저잣거리에서 이뤄지는 장사와 흥정, 사기와 권모술수에 대한 이야기, 사람 사이의 관계를 꿰뚫는 핵심적인 요소 등에 대해 하나하나씩 배워 나갔다. 때로는 친근하게 때로는 진심으로 예를 갖춰 스승으로 대접하며 배움을 청하는 그에게 감옥 안의 죄수들은 친구이자 선배, 때로는 교사가 되어 자신들이 알고 있는 모든 지식과 경험들을 이야기해 주기 시작했다.

아버지와 본인의 수감으로 병법과 검술을 배우기 위해 떠났던 유학 생활을 중도에 그만두게 되었지만 온갖 종류의 지식과 경험을 배우게 된 그는 그를 바탕으로 출감하자마자 장사를 시작했다. 처음에는 우편을 실어 나르는 배인 우편기선郵便汽船 운영 회사를 시작한 그는 감옥 안에서 동료들에게 배웠던 타인과 교섭하거나 거래하는 방법, 셈법 등을 활용해 이내 정부 또는 다른 경쟁 기업과의 교섭에서 눈부신 능력을 발휘했다. 최초에 회사의 모태가 되었던 우편기선 사업을 경쟁사에 높은 값으로 매각한 그는 그 돈으로 광산과 조선소 그리고 금융업에 투자해 막대한 부를 창출했다.

결국 그렇게 일구어 낸 부를 기반으로 그의 후손들은 생명보험, 군수 산업, 목재와 펄프 제지, 전기, 화학, 자동차, 석유 산업 등의 분야에서 사업을 일구었고 그들은 모두 일본은 물론 전 세계적으로도 1, 2위를 다투는 거대 기업으로 성장했다.

좌절과 분노만이 가득한 순간 속에서도 자신이 누구에게 무엇을 배워야 할 것인가를 생각했던 그. 세상이 모두 등을 돌린 패배자들로부터도 배울 점을 찾아내 그에 대해 끈질기게 묻고 익혔던 그. 자신보다 못한 사람들에게서 배우는 순간에도 스승의 예를 갖춰 최선을 다했던 그.

바로 그가 19세기 일본 경제계의 최대 풍운아 이와사키 야타로岩崎彌太郎다. 그리고 그가 시작해 그의 일족들이 일군 그 기업은 바로 지금도 일본 재계 3위권에 올라 있는 대기업 집단인 미쓰비시다.

미쓰비시는 구한말부터 시작해서 일제 패망기까지, 일본 군국주의의 첨병 기업으로서 군수 산업과 화학 산업 등을 통해 막대한 부를 일굼과 동시에 한국을 포함한 아시아 각국에게는 강제 징용을 통한 노동력 착취 등 씻을 수 없는 아픔을 제공한 기업입니다. 이 이야기는 그를 미화하려는 목적이 아니라, 이 장의 주제대로 드라마틱한 성공을 위해 실패자, 악한 등에게서도 배울 점을 찾자는 차원에서 활용한 사례라는 점을 밝혀 둡니다.

우리에게는 관포지교管鮑之交의 주인공으로 알려진 관중.
그는 관자管子로도 불리며 중국인들의 추앙을 받습니다.

그런 그에게 누군가가
"어떻게 그런 대학자의 반열에 올라설 수 있었는지요?"라고 묻자
그가 말했습니다.
"태산은 아무리 보잘 것 없는 흙과 조약돌이라도 업신여기지 않고
너그러이 품음으로써 저 높이에 이르게 된 것이외다."

혹시
오만함과 도도함에 또는 실력이 바탕이 되지 않은 자만심 탓에
소중한 배움의 기회를 놓쳐버리고 있지는 않으신지요?
곁에 있는 실패자와 자신보다 못한 사람,
어린 사람과 낮은 직책의 사람들의 생각과 경험을 품을 수 있을 때
당신은 비로소 태산 같은 인물로 거듭날 것입니다.
아니면 그냥 대충 사시든지요.

다 끝난 게임
뒤집어 보기

모두가 그랬다. '다 끝난 게임'이라고.

1인당 국민소득은 1700여 달러 대 1만 달러, 인구수 3800만 명 대 1억 1000만 명. 게다가 한쪽은 이미 1960년대에 올림픽 경기를 치른 경험이 있는 반면, 다른 한쪽은 몇몇 자질구레한 국제대회를 치른 경험만 있을 뿐 굵직한 대회를 유치한 경험이 전혀 없었다. 1981년 9월 중순의 모습이었다.

1988년 열리는 하계올림픽 경기 유치를 앞두고 일찌감치 여유 있게 경쟁에 나선 일본의 나고야 시는 만반의 준비를 갖춘 상태에서 올림픽 개최지 평가단을 맞았다. 그들은 전후 최고의 호황을 누리며 엄청난 속도로 발전하고 있던 일본의 경제력과 기술력을 마음껏 선보였다. 당시 프랑스를 비롯한 유럽을 위주로 한창 유행하던 일본풍의 문화 예술을 접목시킨 그들의 홍보 전략은 선진국 IOC 위원들의 절대적인 지지를 받았고, 정밀 생산 기술에 앞서 있던 그들의 특징을 살린 세이코 전자시계 선물은 후진국과 개발도상국 출신 IOC 위원들의 마음을 사로잡았다.

반면, 뒤늦게 그들과 경쟁하려고 나선 우리나라는 내세울 것이 하나도 없었다. 18년간이나 장기 집권하던 통치자가 하루 저녁에 아끼던 심복으로부터 암살당하고, 뒤이어 들어선 정권은 단 몇 개월 만에 젊은 군인들의 손에 단명하고 만 나라, 아직까지도 정정은 불안하고 더군다나 남북으로 분단되어 1년에도 몇 번씩 분쟁의 불씨가 번뜩이는 가난한 개발도상국. IOC 위원들이 보기에 한국은 도무지 '왜 이 경쟁에 뒤늦게 뛰어 들었는지 그 저의(?)가 의심' 스러울 만큼 준비되지 않은 나라였다.

그런 분위기 속에서 위풍당당한 일본의 대표단과 의욕은 불타올랐지만 왠지 모르게 주눅이 들어 있는 한국의 대표단, 그리고 이미 마음의 결정을 웬만큼 내린 IOC 위원들은 9월 20일 독일 남서부의 온천 휴양 도시 바덴바덴으로 몰려들었다.

개최지를 결정하는 투표까지 남은 시간은 정확히 열흘이었다.

일본의 나고야는 개최지가 이미 결정 나기라도 한 듯, 축제 분위기였다. 열흘 동안 오픈하고 있어야 할 전시관도 제대로 여는 둥 마는 둥 사진 몇 장과 팸플릿 몇 권만을 비치한 채 연일 친분이 있는 IOC 위원들과 흥청망청 먹고 마시는 데 여념이 없었다.

반면, 한국의 유치단은 비장한 각오로 바덴바덴에 입성했다. 그들에게는 '다 끝난 게임을 뒤집어야 한다'는 불가능해 보이면서도 절박한 과제가 놓여 있었다.

현지에 도착한 날, 올림픽 유치 단장이었던 고 정주영 현대그룹 회장이 유치 활동 실무를 맡고 있는 담당자들에게 할 말이 있다며 모이라고 했다. 대한체육회와 한국올림픽위원회, 외무부 등에서 파견 나온 담당자들은 이런 모임의 장을 맡곤 하는 재벌 회장 출신들이 의례 하는 공치사와 훈계 연설이겠거니 생각하며 마뜩하지 않다는 표정으로 하나둘씩 모여들었다. 하지만 정주영 회장의 입에서 나온 이야기는 뜻밖이었다.

"내가 중동이고, 아프리카고 건설 현장을 누비고 다닌 덕분에 그래도 정주영, 그리고 현대 하면 여러 나라에서 제법 알아주는 편입니다. 어디고 좋습니다. 언제고 좋습니다. 필요하다면 나를 팔고, 나를 데리고 어떤 IOC 위원이라도 만나게 해주십시오. 저를 마음껏 활용하세요."

환갑도 훨씬 넘은 한국 최대 그룹의 회장이 젊은 유치단원들을 모아놓고 자기 자신을 "데리고 다니며 맘껏 써먹으라"고 하는 말에, 자리에 모여 있던 사람들은 가슴이 뭉클했다. 그리고 다음날부터 한국 유치단의 '다 끝난 게임 뒤집기'를 위한 노력이 시작됐다.

정주영 회장은 전날 한 말이 허튼소리가 아니라는 듯, 아침부터 유치단과 함께 투표권이 있는 IOC 위원들의 마음을 '일본 나고야'에서 '대한민국 서울'로 되돌려 놓기 위해 백방으로 뛰기 시작했다.

80여 명의 IOC 위원들이 묵고 있는 방마다 매일 아침 간단한 인사말이 적힌 엽서와 함께 꽃바구니를 배달하기 시작했다. IOC 위원들의 부인들에게는 한국에서부터 준비해 간 전통 문양으로 만든 자수정 브로치를 선물했다. 그뿐이 아니었다. 영국은 물론 영연방 국가 전체의 위원들에게 막대한 영향력이 있는 원로 IOC 위원이었던 영국 엑스터 후작 데이비드 버글리 경Sir. David Burghley에게는 "제가 기꺼이 당신의 아들이 되어 모시겠습니다"라며 애교까지 떨었다.

온몸으로 뛴 것은 정주영 회장만이 아니었다.

대우그룹 사람들은 우리나라가 특히 취약한 중동과 아프리카를 맡았다. 평상시 해당 지역에서 여러 가지 사업을 하고 있던 김우중 회장과 대우의 임직원들은 IOC 위원들에게 맨투맨으로 붙었다. 그리고 그들 나라의 스포츠 발전에 가장 필요한 것이 무엇인지를 찾아낸 뒤 그들에게 한국을 지지해 주면 대우그룹이 책임지고 지원하겠다는 약속을 했다. 국가 차원의 일에 대한 보상을 민간 기업이 무상으로 해주겠다는 초유의 제안이 등장한 것이다.

실제로 아프리카 IOC 위원들에게 영향력이 센 수단 IOC 위원의 마음을 돌리기 위해 대우건설이 수단 경기장에 전광판을 건설해 주기로 약속을 했다. 이렇게 총회 기간 동안 한국의 유치단원들은 재벌 회장부터 하급 공무원까지, 외교관부터 유치단원들이 타고 다니는 차의 운전기사까지 혼연일체가 되어 존재감 없던 '대한민국 서울'이 얼마나 올림픽을 치르고 싶어 하는지, 또 치를 수 있는지를 알리기 위해 노력했다.

그렇게 해서 일단 IOC 위원들에게 '한국의 홍보 부스를 눈여겨 봐 달라'는 메시지를 효과적으로 전달해 초청을 하는 것까지는 가까스로 성공했다. 그런데 막상 사람들이 밀려들자 제대로 손님을 맞아 응대할 만한 영어가 능통한 전문 안내 인력이 턱없이 부족했다. 그렇다고 해서 유럽 현지에서 급하게 일할 수 있는 사람을 구할 수 있을 만한 여건도 되지 않았다.

그런데 그때 유치단에는 대한항공을 보유한 한진그룹의 조중훈 회장도 있었다. 그는 급한 대로 대한항공의 스튜어디스 다섯 명에게 한복을 입혀 한국 홍보 부스에서 안내를 맡도록 했다. 그런데 이 전략이 IOC 위원들 사이에서 크게 히트를 쳤다. 최고 수준의 서비스 교육을 받은 미모의 동양 여성이 고운 한복을 입고 능통한 영어로 안내를 시작하자, 사람들은 성의 없이 운영되는 나고야 홍보 부스가 아닌 한국의 홍보 부스로 밀려들었다. 그렇게 몰려온 손님들에게 한국의 전통 인삼차와 인삼주를 대접했다. 평상시 흔들리는 기내에서도 신속하고 정확한 손놀림으로 최대한 친절하게 음료 서비스를 해온 경험이 있는 승무원들은 능숙하게 손님 한 명 한 명을 접대했다.

그리고 이때부터 바덴바덴에서는 "혹시 한국이……" 하는 이야기들이 들려오기 시작했다.

그렇게 열흘의 시간이 지난 9월 30일 오전(한국 시간으로는 저녁 11시 45분). IOC 정기총회 및 1988년 동하계 올림픽 유치 도시 선정을 위한 투표를 마친 사마란치 위원장은 조심스럽게 투표 결과가 담긴 봉투를 열었다.

"쎄울…… 피프티 투(Seoul 52), 나고야…… 투웬티 세븐(Nagoya 27). 쎄울 꼬레아(Seoul, Korea)!"

그 말에 초조한 마음으로 자리에 앉아 있던 한국 유치단 모두가 벌떡 일어나 만세를 불렀다. 이미 두 눈에서는 눈물이 주룩주룩 흘러내리고 있었으며, 몇몇은 서로 부둥켜안고 기쁨의 통곡을 했다. 그들이 오죽이나 감격의 눈물을 펑펑 흘렸으면 나중에 외신기자들이 "한국 사람들은 기쁜데 왜 저렇게 서럽게 우느냐?"며 유치단에게 그 이유를 물을 정도였다고 한다.

이후 이어진 축하 리셉션에서 스무 살은 어린 외국인에게 굽실거리기도 하고, 말도 통하지 않는 이에게 친구가 되자고 애원을 하기도 하고, 처음 보는 이에게 아들이 되겠다고까지 하며 혼신의 힘을 다했던 정주영 회장은 어찌나 기분이 좋았던지 수많은 사람들 앞에서 시골 마을 잔치에서나 볼 수 있을 법한 어깨춤을 덩실덩실 추며 돌아다녔다고 한다.

대부분의 게임은 전문가의 분석대로, 일반 대중들의 예상대로 끝나는 것이 보통이다. 때로 사람들은 그것을 '세상의 순리'라고 하며 그것이 어긋나는 것에 대해 분노하거나 거북해하기도 한다.

하지만 우리 인생 대부분의 극적인 순간, 다시 못 올 드라마틱한 순간 역시 '다 끝난 게임, 다 진 게임, 이미 결정 난 게임'에 도전해 혼신의 노력으로 그 승부를 뒤집는 순간에 일어난다.

1981년 독일의 바덴바덴에서 그들이 그랬던 것처럼.

"It ain't over till it's over(내가 끝났다고 할 때까지 끝난 것이 아니다)."

이 말을 한 야구선수는,

실제로 어떤 경기에서고 9회 말이 끝날 때까지는

아무리 큰 점수 차로 지고 있더라도

결코 포기하는 법이 없었답니다.

그렇게 시간이 지난 뒤,

그는 메이저리그 명예의 전당에 오르는

위대한 선수가 되었습니다.

매번 조금 점수 차이가 나면 경기를 포기하곤 했던 친구들은

제돈 주고 표를 사서 관람하러 오는 바로 그 명예의

전당에 말이죠.

결코 포기하는 법이 없었던 그 주인공은,

메이저리그 역사상 최고의 포수로 꼽히는

요기 베라Yogi Berra 입니다.

멈추지 않고
계속 가기

"이봐, 이제 그만하자구."

"그래요, 여보. 이제 그만합시다."

"그래, 브래독. 자네 나이에 지금까지 경기를 뛴 것만 해도 기적이라고. 이제 어느 정도 돈도 벌었고 했으니 여기서 그만 끝내세."

소파도 하나 없는 낡고 좁은 거실에 모인 두 사내와 한 여인은 때에 찌든 허름한 러닝셔츠를 입고 시선을 땅에 고정시킨 채 10분도 넘게 아무런 말도 하지 않고 있는 사내에게 애원하듯 말했다.

"윽……."

사내는 뭔가 이야기를 하기 위해 양 주먹에 힘을 주다가 갑자기 몰려든 통증 때문에 짧게 외마디 비명을 내뱉었다.

"그것 보라구. 자네 오른 손은 이미 권투선수의 손이 아니야."

"여보, 미스터 굴드의 말씀이 맞아요. 당신, 더 이상 오른 손을 쓰면 안 된다구요."

"이봐, 지금까지 자네가 상대해 온 선수들이야 자네의 그 일품 왼손만 가지고도 이길 수 있었는지 모르겠지만, 이번엔 달라. 자네 이러다가 정말로 큰일 날지도 모른다고!"

사내는 오른 손의 통증이 가시기를 기다리면서 시선을 창밖으로 돌렸다. 뿌연 창밖으로는 여전히 일자리가 없어서 터덜터덜 거리를 배회하는 수많은 가장들이 보였다.

그는 다시 생각에 빠져 들었다.

"제이! 엄마 어디 갔니?

"굴드 아저씨네요."

"왜?"

"……."

"굴드 아저씨네는 왜 갔는데?"

"……."

그는 더 이상 묻지 않았다. 큰아들 제이는 마치 자기가 무슨 잘못이라도 저질러서 아빠에게 혼나는 것처럼 굵은 눈물을 뚝뚝 흘렸고, 아직 어린 하워드와 로즈마리는 제이가 울음을 터뜨리자 덩달아 엉엉 울음을 터뜨렸다. 그는 세 자녀를 달래려다 말고 집 밖으로 나와 버렸다.

아직 완전하게 어둠이 내리려면 조금 시간이 남아 있었지만 가로등도 모두 꺼져 있고, 전기를 아끼기 위해 불을 켠 집들이 거의 없어서 거리는 꽤나 어두침침했다. 당시의 미국처럼.

1930년대 초반의 미국은 '최악' 그 자체였다. 1929년, 대부분의 주식이 액면가의 40% 이상 폭락하면서 휴지 쪼가리로 바뀌어버렸고, 그 충격으로 기업들과 은행들은 파산했다. 미국인 네 명 중 한 명은 실업자 신세였고, 그에 영향을 받은 사람들이 소비를 줄이자 시장은 더더욱 위축되는 악순환이 반복됐다. 사람들은 구호소에서 나누어 주는 빵과 우유를 받기 위해 자신들이 그토록 비난하던 공산국가의 그것보다 더 비참한 모습으로 식량 배급 줄에 섰다.

하지만 그에게 1929년은 전체 미국인이 겪은 그 고통보다도 더 큰 고통을 안겨 주었다.

당시 아마추어 권투선수 생활을 접고 프로로 전향한 그는 반짝 스타덤에 올랐었지만, 잦은 오른손 부상으로 슬슬 은퇴 수순을 밟는 것이 어떠냐는 제안을 받고 있었다. 그런 그에게 라이트 헤비급 챔피언에 도전할 수 있는 기회가 온 것이다. 상대는 당시 챔피언 토미 러프란. 강력한 상대였지만, 충분히 해볼 만하다고 생각했다. 15라운드 경기 동안 혼신의 힘을 다했지만, 그는 결국 심판 만장일치로 패배하고 말았다. 게다가 가뜩이나 안 좋던 오른손 부상마저 더 심해졌다.

그날 경기 이후로 그는 '한물간 퇴물 선수' 취급을 받기 시작했다. 대형 프로모터가 주관하는 타이틀 경기에서는 뛸 수도 없었고 소규모 경기, 그것도 오프닝 경기에나 나설 수 있었다. 그나마 오른손을 쓸 수 없으니 이기는 경기보다 지는 경기가 더 많았고 그런 전적은 그대로 프로모터들 사이에 퍼져 나가 그가 지나가면 사람들은 "링에 올리기도 부끄럽다. 도대체 왜 아직도 링 주변을 어슬렁거리는 거야?"라는 말들을 스스럼없이 내뱉었다. 하지만 그는 링을 떠날 수 없었다. 가난한 빈민가에서 태어나 타고난 체력과 강한 주먹만을 믿고 복싱계에 뛰어 들어 파이트머니로 아내와 세 아이의 생계를 유지해야 하는 그에게 '링을 떠나라'는 이야기는 곧 '삶을 포기하라'는 말과 같았다. 그러자 사고를 우려한 지역 복싱위원회에서 '은퇴를 하지 않으면, 권투선수 등록을 말소해버리겠다'는 통보를 해왔다.

결국 그는 인근 항구의 잡역부로 취직했다. 하지만 하루 종일 어깨가 부서지도록 일해 봐야 채 1달러도 되지 않는 돈을 받는 게 전부였다. 그 돈으로는 다섯 식구 식비조차 제대로 대기 힘들었다. 아마도 아내는 생활비가 바닥나 갓난쟁이인 막내의 우유 값조차 대기 어려워지자 선수 시절 코치였던 굴드 씨에게 아쉬운 소리를 하려고 찾아간 모양이었다.

그는 굵은 눈물을 흘리며 거리로 나섰다. 그리고는 푼돈이라도 더 벌기 위해 몰래몰래 다시 링에 서기 시작했다. 제대로 훈련조차 할 수 없었기에 당연히 승리보다는 패배가 많았다. 하지만 그는 포기하지 않고 링에 올라 감을 익혔으며, 링에 서지 않을 때나 항구에서 일할 때면 곡물 포대를 개조해 만든 아령으로 다친 오른손 대신 쓸 수 있도록 왼손의 힘을 기르기 시작했다.

1934년, 그에게도 기회가 왔다. 스물세 살의 신예 존 그리핀이라는 선수와 시합을 갖기로 한 선수가 포기를 한 것이다. 그에 따라 급하게 대타로 서게 된 링에서 그는 그간 훈련만 하고 아껴 두었던 왼손으로 멋지게 3회 TKO승을 거두었다. 그날 그의 인상적인 경기 모습에 매료된 사람들은 앞 다투어 경기를 하자고 제안했다. '주 무기로 사용하던 오른손 부상 후 재기한 나이 든 노땅 선수' '미국 전역을 휩쓴 대공황의 여파로 생활보호대상자로 지정된 가장 선수'라는 그의 이력은 당시 대공황으로 시름에 빠져 있던 미국인들에게 충분한 흥행 카드가 될 수 있었다.

다음 경기는 존 H. 루이스였다. 루이스는 앞서 경기한 그리핀과는 차원이 다른 선수였다. 하지만 세 아이와 아내를 위해 목숨을 걸고 링에 오르는 그의 기세를 누를 수는 없었다. 10회 경기에서 판정승을 거두고, 뒤이어 열린 아트 레스키와의 경기에서는 심판 전원 일치 판정승을 거둔 그는 이제 뉴욕 복싱계 최고의 핫 이슈가 되어 있었다.

그동안 조금씩 돈도 모이기 시작했다. 그는 가난과 빈곤을 정부와 부자들 탓으로 돌리며 생활보조금을 받는 것을 당연시 하던 당시의 분위기와는 정반대로 조금이라도 돈이 생기면 먼저 정부 구호기관으로부터 빌린 생활자금을 갚아나갔다. 상처받은 자존심을 조금이라도 회복하고자 한 것이었지만, 그의 그런 태도는 당시 언론으로부터 '매우 정직하고 도덕적이며 신사다운 행위'라는 격찬을 받았다. 그의 인기는 더더욱 높아졌고, 방송에 출연해 달라는 연락이 쇄도했으며, 광고 섭

외가 줄을 이었다. 그에 따라 돈도 쏟아져 들어오기 시작했다.

그러던 그가 돌연 당대 최고의 헤비급 챔피언인 막스 베어 선수에게 도전장을 내민 것이다. 그 소식을 들은 그의 코치 굴드와 트레이너 그리고 아내가 그를 만류하기 위해 몰려들었다.

"이봐, 다시 생각해 봐. 베어 그 녀석과 경기 중에 혼수상태에 빠졌던 어니 샤프라고 알지? 결국 그 녀석 얼마 전에 죽고 말았어. 베어 그 녀석의 펀치는 자네가 당해 낼 수준의 펀치가 아니라구."

"그래, 게다가 그 녀석은 자네보다 덩치가 훨씬 큰 헤비급 선수란 말일세. 차원이 다르다니까."

"그래요, 여보. 이만하면 됐어요. 급한 빚도 갚았고, 이제 경기도 웬만큼 좋아져서 일자리도 많이 생기고 있다니까, 다른 일을 합시다."

그때였다.

"아니."

내내 아무 말이 없던 그가 입을 열었다.

"이만하면 되지 않았어. 갈 길이 더 남아 있어. 아마추어 선수 생활을 은퇴할 때도, 오른손을 못 쓰게 되었을 때도, 복싱계에서 쫓겨날 때도, 생활보호대상자 신청을 하는 신세가 되었을 때도 모두가 나에게 그랬어. '그래 그만하면 됐어. 넌 최선을 다한 거야'라고. 하지만 최근에야 깨달았지. 인생에 '그만하면 되는 시점'이라는 것은 존재하지 않는다는 것을. 그만하면 되었다는 생각이 드는 순간 그 바로 너머에 진짜 도달해야 할 목표가 있다는 것을."

그의 목소리에 담긴 처절한 말에 아무도 더 이상 토를 달지 못했다.

그는 그동안의 심각했던 표정을 바꿔 빙그레 웃으며 말했다.

"굴드, 어서 가지 않고 뭐해요? 내일부터 시작할 훈련 일정 짜려면 바쁘지 않나요?"

1935년 6월 13일. 무려 3만 5000명이라는 어마어마한 관중이 매디슨스퀘어가든 특설 링으로 몰려들었다. 이미 언론에서는 '늙은 복서, 최후의 도전' '막스 베어, 이번에도 링 위에서 비극을 연출할 것인가?' 등의 자극적인 문구로 사람들의 관심을 불러 모았다. 대부분의 사람들에게는 '이 시대 최고의 강펀치 막스 베어를 맞아 과연 그가 몇 회나 버틸 것인가?'가 주요 관심사였다. 그가 베어를 이길 수 있으리라고 생각한 사람은 거의 없었다.

경기가 시작되고, '그만하면 되는 시점'을 넘어 자신에 대한 새로운 도전을 시작한 그의 몸놀림은 거침없었다. 오른손은 비록 제대로 말을 듣지 않았지만 그에게는 그간 가족들의 생계를 책임지느라 부두에서 일하며 엄청난 강도로 단련시킨 왼손이 있었다. 베어의 주먹은 한대 맞을 때마다 숨이 턱턱 막히도록 강력했고, 빠른 몸놀림은 파고들 틈이 없었지만 이기고 싶은 그리고 이겨야겠다는 그의 의지를 꺾거나 막을 정도는 아니었다.

15회라는 시간 동안 베어를 링에 쓰러뜨리거나 완벽하게 압도하지는 못했지만, 적어도 그 또한 베어에게 압도당하지 않았다. 그리고 끝내 마지막 회까지 버텨낸 그에게 매디슨스퀘어가든을 가득 메운 관객들과 라디오를 통해 경기를 청취하던 미국의 시민들은 압도적인 응원의 박수를 보냈다.

그는 결국 그 경기에서 승리했고, '20세기 들어 가장 극적인 챔피언'이라는 찬사를 들으며 세계 헤비급 챔피언의 자리에 등극했다.

그의 이름은 제임스 브래독James J. Braddock.

한계를 모르고 멈춤을 인정하지 않았던 그의 굳은 의지는 1930년대 대공황에 빠져 있던 미국인들의 심금을 울렸고, 그의 이야기는 복싱 팬이었던 클리프 홀링스워스에 의해 소설과 영화로 만들어져 미국은 물론, 전 세계로 퍼져 나갔다. 소설과 영화의 제목은 그의 또 다른 별명인 '신데렐라 맨'이었다.

후회 없는 삶을 위한 메시지

애플의 창업주 고 스티브 잡스,
버진그룹 회장 리처드 브랜슨,
한국 최고의 흥행 감독인 봉준호.

이들의 공통점은,
상대방이 지칠 때까지 현재에 만족하지 않고
더 나은 다음, 더 멋진 다음을 기대하며
반복하고 또 반복해서 도전하는 모습입니다.

그리고 그런 불만족에서 그들은,
전 세계인들이 만족하는 최고의 명품을 만들어 낼 수 있었습니다.

현재의 삶보다 더 멋진 삶, 더 만족스런 삶을 꿈꾸고 계신가요?
방법은 간단합니다.
지금 누리고 있는 모든 만족들에 불만족으로 맞서세요.
그리고 현재의 그 안주 너머를 향해 당신의 모든
것을 걸고 뛰어 보세요.
드라마틱한 삶은 바로 그곳에서부터 다시 시작됩니다.

인생을 한 편의
드라마로 만들자

고대 그리스의 노예이자 타고난 이야기꾼이었던 아이소포스가 지은 우화집 『이솝우화』에는 한 여우의 이야기가 나온다. 여우는 숲길을 지나가다 먹음직스럽게 익은 포도송이가 주렁주렁 매달려 있는 포도나무 하나를 발견한다. 하지만 불행하게도 포도들은 모두 여우의 발이 닿지 않는 곳에 달려 있었다. 한참 동안 포도를 따기 위해 애를 쓰던 여우는 이내 포기해버리고 만다. 그러면서 한마디 툭 내뱉는다.

"저건 분명히 맛없는 신 포도일 거야."

그 유명한 '여우의 신 포도'라는 이야기의 대략적인 줄거리다. 이 이야기가 지어진 지 1500여 년쯤이 지난 1518년 말, 스페인 남단의 내륙 항구 도시 세비야. 한 사내가 선원들로 가득한 선술집마다 돌아다니며 외쳤다.

"여기, 용감한 사내들이 많다고 들었소! 나와 함께 신항로를 개척하고 세계 일주를 하고 돌아올 사람은 자원하기 바라오!"

그의 이야기를 듣고 용기와 도전 정신으로 충만한 약 260명의 사내들이 자원을 했다. 하지만 당시 유럽 최대의 상업 도시이자 항구 도시였던 세비야에 가득했던 대다수의 선원들은 그의 이야기에 콧방귀를 끼며 들은 체도 하지 않았다.

"세계 일주? 좋아하시네. 저 먼 바다의 끝은 그대로 낭떠러지라고."

"그러게! 죽으려면 뭔 짓을 못해? 저 작자들은 분명히 죽고 말 거야."

인류 역사상 처음으로 세계 일주 원정을 했던 마젤란이 선원을 모집할 때의 이야기이다.

다시 그로부터 500여 년이 지난 2011년의 어느 날 라이브 카페가 많은 미사리의 어느 통기타 전문 카페. 그 카페에 가끔 들러 음악을 듣곤 하던 한 중년의 사내가 술이 조금 과했는지, 취기를 빌어 무대에 올라 노래 한 곡을 부르겠다며 나섰다.

"제가 대학 다닐 무렵만 해도 통기타 가수가 대세였죠. 저도 예전엔 기타 좀 제법 친다는 소리를 들었는데…… 이제 코드 잡는 것도 다 까먹었네요. 그때 저랑 같이 음악을 하던 친구들이 불렀던 노래 한 곡 부르고 내려가겠습니다."

그가 어렵사리 코드를 짚어 기타를 치며 부른 노래는 세시봉의 「그대 그리고 나」였다.

잘 모르겠지만 아마도 이솝우화 속의 그 포도는 달콤하게 잘 익은 포도였을 것이다. 마젤란은 모든 사람들이 알다시피 역사상 위대한 탐험가로 그 이름을 날렸고, 1970~1980년대 통기타 세대를 대표하는 아이콘으로 전성기를 구가했던 세시봉은 30여 년의 시간을 뛰어 넘어 다시 대중들에게 사랑을 받으며 새로운 역사를 써나가고 있다.

그때 멀쩡한 포도를 '신 포도'로 만들며 쉽사리 포기하고 만 여우, 어느 선술집에서 '용감한 자'를 찾는 마젤란을 비웃으며 하릴없이 술잔이나 비우던 선원들, 제법 기타 좀 쳤지만 다른 친구들이 '세시봉'을 결성하거나 '쉘부르'의 오디션 무대에 도전하는 것을 그저 바라보기만 했던 이제 중년이 된 사내, 이들에게는 몇 가지 공통점이 있다.

무엇일까?

첫째, 누구도 그들의 이름이 무엇인지, 이 세상에서 맡은 배역이 무엇인지 모른다는 것.

둘째, 그들 중 누구도 자신이 진정 진실로 원하는 것을 얻지 못했다는 것.

그리고 가장 중요한 셋째, 그렇다고 해서 그들의 당시 또는 그런 선택을 한 이후의 삶이 만족스럽거나 행복하지도 않다는 것이다.

그리고 보면 결국 우리 일상 속의 드라마 같은 일 혹은 드라마틱한 삶은, 자신의 삶에서 발생할 수 있는 '조금의 어려움'과 '조금의 한계'와 '조금의 불편함'들을 기꺼이 넘어서는 사람에게만 허용되는 것인 듯하다.

　이 책의 마지막 장을 지나 이 페이지쯤에 오면 여러분은 두 가지 선택을 할 수 있다.

　달콤한 포도를 먹고, 신대륙으로 가는 항로의 개척자가 되고, 멋진 가수가 되어 환호를 받는 드라마틱한 삶의 주인공이 되어 무대에 서 있던지, 그렇게 역사의 무대, 시대의 중심, 환호의 한가운데에 멋지게 서 있는 드라마의 주인공들을 씁쓸하게 바라보며 박수를 치거나 여전히 비아냥대고 있던지.

　이 페이지의 마지막 줄에서 어떤 선택을 하느냐에 따라, 당신의 삶은 드라마틱해질 수도, 지극히 평범하고 지루해질 수도 있다.

　부디, 이 책의 마지막을 덮는 이들이 위대한 드라마의 처음을 다시 써나가기를 기원하며 세계적인 대문호 빅토르 위고가 남긴 말로 글을 마칠까 한다.

　"패자가 자신에게 주어진 문제의 주위만을 맴돌 때, 승자는 그 문제 속으로 뛰어든다."

| 참고 도서 |

강준만, 『축구는 한국이다-한국 축구 124년사, 1882-2006』, 인물과사상사, 2006

기무라 아키노리, 『사과가 가르쳐 준 것』, 김영사, 2010

김지영 外, 『제임스 카메론-상상하라, 도전하라, 소통하라』, 한스미디어, 2010

김수길, 『금고가 비었습니다』, 중앙 M&B, 2003

김영한, 『닌텐도 이야기』, 한국경제신문사, 2009

김우중, 『세계는 넓고 할 일은 많다』, 김영사, 2008

김필수, 『관자-경세의 바이블』, 소나무, 2006

대우세계경영연구회, 『대우는 왜』, 북스코프, 2012

대한축구협회, 『한국 축구의 영웅들』, 랜덤하우스코리아, 2005

리콴유, 『내가 걸어온 일류국가의 길』, 문학사상사, 2001

마이클 베이전트, 『사해사본의 진실』, 예담, 2007

모리모토 마유미, 『3일만에 읽는 클래식 음악』, 서울문화사, 2004

박세직, 『서울 올림픽의 묻혀진 이야기』, 고려서적, 1994

베르나르 올리비에, 『나는 걷는다-아나톨리아 횡단(전3권)』, 효형출판, 2003

베르나르 올리비에, 『떠나든, 머물든-베르나르 올리비에의 특별한 은퇴 이야기』, 효형출판, 2009

빈스 롬바르디 2세, 『걸음마 터치다운』, 유림문화사, 2004

빈스 롬바르디 2세 外, 『나도 성공하고 싶다』, 윈북스, 2006

시릴 아이돈, 『찰스 다윈』, 에코리브르, 2004

쉬처, 『만주군벌 장작림-동북아의 대 지각 변동』, 아지랑이, 2011

온기운, 『미쓰이 미쓰비시 상사-세계 일류기업 총서6』, 길벗, 1995

울리히 룰레, 『음악에 미쳐서』, 비룡소, 2004

우밍, 『시진핑 평전』, 지식의 숲, 2009

윤석철, 『프린시피아 매네지멘타』, 경문사, 1997

웬디 톰슨, 『위대한 작곡가의 생애와 예술』, 마로니에북스, 2007

이노우에 오사무, 『닌텐도-놀라움을 낳는 방정식』, 씨실과 날실, 2010

이순미, 『유리 벽 안에서는 행복한 나라』, 리수, 2010

이시카와 다쿠지, 『기적의 사과』, 김영사, 2009

장중정, 『서안사변과 장학량』, 건국대학교 출판부, 1996

장 코르미에, 『체 게바라 평전』, 실천문학사, 2000

재닛 브라운, 『찰스 다윈 평전(전2권)』, 김영사, 2010

정주영, 『이 땅에 태어나서-나의 살아온 이야기』, 솔, 1998

제레미 샤프, 『신데렐라 맨』, 생각의 나무, 2005

조윤범, 『조윤범 의 파워클래식』, 살림, 2008

존 메이저 外, 『총리가 된 빈민가의 소년』, 현대문화센타, 1991

존 킹 페어뱅크, 『신중국사』, 까치글방, 2005

진정일, 『송미령 평전』, 한울, 2004

차범근, 『슈팅 메시지-차범근 에세이 1』, 우석, 1997

차준영, 『아프리칸 드림-로또는 가라 기회의 땅 인생경영 스토리』, 일진사, 2010

찰스 다윈, 『나의 삶은 서서희 진화해 왔다-찰스 다윈 자서전』, 갈라파고스, 2003

체 게바라, 『체 게바라의 모터사이클 다이어리』, 황매, 2004

토니 휠러, 모린 휠러, 『론리 플래닛 스토리』, 안그라픽스, 2008

홍하상, 『세계를 움직이는 삼성의 스타 CEO』, 비전코리아, 2005

福岡正信, "無Ⅲ 自然農法", 春秋社, 2004

福岡正信, "自然農法福岡正信の世界", 春秋社, 2005

A. L. 바라바시, "버스트(Burst)", 동아시아, 2010

Barbara Kramer, "Tom Hanks-Super star", Enslow, 2001

David Sheff, "Game Over", Random House, 1993

Doris Kearns Goodwin, "Lyndon Johnson and the American dream", St. Martin's Press, 1991

Ernesto Che Guevara, "Che Guevara-Radical Writing on Guerilla Warfare, Politics and Revolution", Filiquarian Publishing, LLC., 2006

Gianni Mercurio, Robert Pincus-Witten, Frederik Tuten, "Roy Lichtenstein-Meditations on Art", Skira, 2010

Herbert H. Breslin, Anne Midgette, "The King and I", Broadway Books, 2005

John Major, "John Major-the autobiography", HarperCollins, 2000

Jügen Kesting, "Luciano Pavarotti-the myth of the tenor", Northeastern University Press, 1996

Kwan Yu Lee, "The Singapore Story-Memoirs of Lee Kwan Yu", Prentice-Hall, 1998

Michael Shaffle, "Franz Listz-a guide to research", Routledge, 2004

Michael C. Delisa, "Cinderella Man-The James J. Braddock Story", Milo Books, 2005

Pamela Clarke Keogh, "Elvis Presley-the man, the life, the legend", Atria Books, 2004

Pernille Rudlin, "The History of Mitsubishi Corporation in London", Rutledge, 2000

R. D. Batlette 外, "Koi for Dummies", Wiley, 2007

| 참고 자료 |

김인광, "이 사람의 성공인생 - 올림픽 역대 최고 성적 낸 李衍澤 대한체육회장", 월간조선 통권 343호, 月刊朝鮮社, 2008

김희권, "5세대 중국 지도자 시진핑은 누구인가", 시사저널 통권 1097호, 시사저널사, 2010

"민심 한 손에 쥔 집단지도체제형 리더", 신동아 통권 611호, 東亞日報社

박승준, "시진핑은 누구인가", 주간조선 통권2128호, 조선뉴스프레스, 2010

신혜승, "교향시 창시자 리스트의 재조명 - 그 혁명성과 혼종성", 음악과 문화 제25호, 세계음악학회, 2011

양준호, "교토 기업의 글로벌 경쟁력 - 기업과 지역의 새로운 모델을 찾아서", 삼성경제연구소, 2008

이헌재, "남기고 - 이헌재, 위기를 쏘다", 중앙일보사, 2012

정현상, "He & She 내한공연 가진 '벼락출세' 테너 폴 포츠", 신동아 통권 585호, 東亞日報社, 2008

조주청, "만화가 있는 여행기 - 우간다 최장타자 한국인 '롱 초이'", 매일경제신문사, 1997

하종대, "'대륙의 황태자' 시진핑 국가부주석", 신동아 통권 611호, 東亞日報社, 2010

南仲九, "영국 신임총리 인간 '존 메이저' 연구 - 막노동꾼에서 대영제국 재상까지", 신동아 통권 376호, 東亞日報社, 1991

南仲九, "영국 신임총리 인간 '존 메이저' 연구 - 막노동꾼에서 대영제국 재상까지", 신동아 통권 376호, 東亞日報社, 1991

Joy H. Michelson, "The Garbage Can Model-A Useful Tool in the Analysis of

Decision Making at Southern Nevada Adult Mental Health Services in
1996", 1997

Kaplan, Howard, "The Gentleman Grifter", Vanity Fair, 2006

|참고 웹|

http://www.wikipedia.org

http://www.google.com

http://www.livestrong.com

http://www.zoominfo.com

http://www.mycremedelamer.com

http://www.newslibrary.naver.com

http://www.lila.es.kr

http://www.lichtensteinfoundation.org/

http://www.nfl.com

KI신서 4408

내 인생, 미치도록 바꾸고 싶다

1판 1쇄 인쇄 2012년 11월 22일
1판 1쇄 발행 2012년 11월 29일

지은이 신인철
펴낸이 김영곤 **펴낸곳** (주)북이십일 21세기북스
부사장 임병주
출판사업부문 총괄본부장 주명석 **MC기획1실장** 김성수 **BC기획팀장** 심지혜
책임편집 장보라 **디자인** 엔드디자인
마케팅영업본부장 최창규 **마케팅** 김현섭 최혜령 강서영 김다영 이은혜 **영업** 이경희 정병철 정경원
출판등록 2000년 5월 6일 제10-1965호
주소 (우 413-120) 경기도 파주시 회동길 201(문발동)
대표전화 031-955-2100 **팩스** 031-955-2151
이메일 book21@book21.co.kr **홈페이지** www.book21.com
21세기북스 트위터 @21cbook **블로그** b.book21.com

ISBN 978-89-509-4365-3 13320
책값은 뒤표지에 있습니다.